>> 校园图书角必备藏书

谚语大全
YAN YU DA QUAN

徐井才◎主编

新华出版社

图书在版编目（CIP）数据

谚语大全/徐井才主编.
—北京：新华出版社，2013.1
ISBN 978－7－5166－0348－2
Ⅰ.①谚… Ⅱ.徐… Ⅲ.①汉语—谚语—少儿读物
Ⅳ.①H136.3－49
中国版本图书馆 CIP 数据核字（2013）第 018057 号

谚语大全

主　　编：徐井才

出 版 人：张百新　　　　　　　责任编辑：沈文娟
封面设计：睿莎浩影文化传媒

出版发行：新华出版社
地　　址：北京石景山区京原路 8 号　　邮　　编：100040
网　　址：http://www.xinhuapub.com　　http://press.xinhuanet.com
经　　销：新华书店
购书热线：010－63077122　　中国新闻书店购书热线：010－63072012
照　　排：北京东方视点数据技术有限公司
印　　刷：河北永清县晔盛亚胶印有限公司
成品尺寸：165mm×230mm
印　　张：11.5　　　　　　　　　字　　数：180 千字
版　　次：2013 年 3 月第一版　　印　　次：2013 年 3 月第一次印刷
书　　号：ISBN 978－7－5166－0348－2
定　　价：22.80 元

图书如有印装问题，请与出版社联系调换：010－63077101

前言

谚语是汉语词汇宝库里的璀璨明珠。通常来说，谚语是指一些含有丰富的知识、经验，有思想、有教育意义的俗语。它是人们生活经验与智慧的结晶，简练明白而言简意赅，大多反映人们的生活实践与经验，一般以口语方式表现，经过口头流传下来，非常形象生动。

谚语不仅可以增强人们口语表达和书面写作的生动性，还具有很强的启迪性，可以使人们增长许多知识，懂得许多生活的道理。

为了使小朋友们更好地了解、掌握、运用谚语，我们精心挑选了500多

条常见的谚语，把它们分成学习、育人、勤劳、立志、坚忍等18篇，并在这些分类的谚语前都加了一则与该类谚语主题相似、内容相近的谚语故事，配上插图，以增强阅读情趣，同时也起到了引导的作用；而且在每则谚语后加上释义和例句，来帮助小朋友们加深对谚语的理解。另外，本书所有文字都注有规范的汉语拼音，非常适合小朋友们独立阅读。相信小朋友们一定会喜欢上这本书，并从中获取知识。

目 录

学习篇
谚语故事…………………… 1
　三人同行，必有我师……… 1
谚语集锦…………………… 3

育人篇
谚语故事…………………… 13
　能师孟母三迁教，
　　定卜燕山五贵芳………… 13
谚语集锦…………………… 15

勤劳篇
谚语故事…………………… 25
　业精于勤………………… 25
谚语集锦…………………… 27

立志篇
谚语故事…………………… 33
　有志不在年高，
　　无志空长百岁…………… 33
谚语集锦…………………… 35

机智篇
谚语故事…………………… 43
　仁者见仁，智者见智……… 43
谚语集锦…………………… 45

才能篇
谚语故事…………………… 51
　士别三日，刮目相待……… 51
谚语集锦…………………… 53

举止篇
谚语故事…………………… 59
　树倒猢狲散……………… 59
谚语集锦…………………… 61

仪表篇
谚语故事…………………… 69
　挂羊头卖狗肉…………… 69
谚语集锦…………………… 71

交际篇
谚语故事…………………… 79
　四海之内皆兄弟………… 79
谚语集锦…………………… 81

理念篇
谚语故事…………………… 91
　不为五斗米折腰………… 91
谚语集锦…………………… 93

美德篇
谚语故事…………………… 99

绳锯木断，水滴石穿……………99
谚语集锦………………………101

成败篇
谚语故事………………………111
　多行不义必自毙……………111
谚语集锦………………………113

爱国篇
谚语故事………………………121
　豹死留皮，人死留名………121
谚语集锦………………………123

家庭篇
谚语故事………………………127
　巧妇难为无米之炊…………127
谚语集锦………………………129

生活篇
谚语故事………………………137
　劝君莫做守财奴，
　　死去何曾带一文…………137
谚语集锦………………………139

自然篇
谚语故事………………………149
　民以食为天…………………149
谚语集锦………………………151

军事篇
谚语故事………………………161
　百闻不如一见………………161
谚语集锦………………………163

综合篇
谚语故事………………………169
　宁为鸡口，不为牛后………169
谚语集锦………………………171

学习篇

谚语故事

三人同行，必有我师

孔子是儒家学派的创始人，是我国古代的大思想家，他的儒家思想在我国具有深远的影响。《论语》是儒家学说的经典著作之一，是孔子与他的弟子的言行的记录，体现了儒家的理论思想，具有丰富的内涵。

《论语》中说："三人行，必有我师焉。择其善者而从之，其不善者而改之。"

这两句话的意思是：

几个人在一起行走,其中就一定有能做我老师的人。我要选择他们的优点加以学习,看到他们的缺点,我便用来检查自己,以利于自己改正。其实也就是说每个人的知识、才能各有所长,都有相互学习的地方。

孔子这么说,也这样做了。他跟老子学礼仪,跟师襄学过鼓乐。即便是入太庙,他都要向身边的人请教每件事情,直到弄明白为止,孔子真是个善于学习的人。接触身边的普通人,可以具体感知他们的优缺点,学习他们的长处,吸取他们的教训。对于学习者来说,一要善于发现对方的优点;二要虚心学习。

"三人同行,必有我师。"这句话告诉了我们一个深刻的道理:在我们的学习或生活中,每天都要接触很多人,而每个人都有许多长处和优点值得我们学习,他们都可以成为我们的良师益友。

谚语集锦

读书破万卷,下笔如有神

释义 破:突破、超过。指读书越多,写文章就好像有神来之笔一样得心应手,很快就会写出好的文章来。

例句 所谓"读书破万卷,下笔如有神",也便指的是学习。(茅盾《杂谈思想与技巧、学习与经验》)

读书有三到:心到、眼到、口到

释义 指读书必须要全神贯注,心领神会,才能全面掌握书中的知识。

例句 人常说:"读书有三到:心到、眼到、口到。"少了哪一样都不行。

读万卷书，行万里路

释义

指做学问要博览群书，才能掌握丰富的知识；实践越多，经验就越丰富。

例句

古人说："凡操千曲而后晓声，观千剑而后识器。"最好有"读万卷书"的书本知识和"行万里路"的生活知识。（曹靖华《采得百花酿蜜后》）

书读百遍，其义自见

释义

见：通"现"，显露。指书多读几遍，才能领会其中的深刻意义。与"读书百遍，其义自见"和"书读千遍，其义自见"意义相同。

例句

你多读几遍就会明白了，正所谓"书读百遍，其义自见"。

熟读《唐诗三百首》，不会做诗也会吟

释义

《唐诗三百首》是指清代孙洙编的唐诗选本，精选的三百首诗作都是唐代具有代表性的优秀作品，具有很高的水平。现在指多读优秀的诗文，可以提高文学欣赏能力和写作水平。

例句

多读一些名人名著，对于提高写作水平有很大的帮助，"熟读《唐诗三百首》，不会做诗也会吟"，日积月累是平日不可忽视的。

读书之贵在怀疑，怀疑才能获教益

释义

指读书不要读死书和死读书，要善于思考，提出疑问，才能有所收获，方可获得真才实学。

例句

"读书之贵在怀疑，怀疑才能获教益"，请大家就《变色龙》这篇课文提几个问题以加深理解。

日出唤醒大地，读书唤醒头脑

释义 指读书不仅能让人思维敏捷，头脑清晰，更重要的是能使人善于思考。

例句 自从我专心读书以来，真是长了不少见识，正所谓"日出唤醒大地，读书唤醒头脑"。

万般皆下品，唯有读书高

释义 指读书能够增长见识，旧时把读书做官看成人生的最高目标。

例句 妈妈对小明说："万般皆下品，唯有读书高！你可一定要好好儿读书学习啊！"

好书即良友，须臾不可丢

释义 须臾：很短的时间，片刻。指好书就像良师益友一样，必须时时相伴，否则便会前功尽弃，半途而废。

例句 我责备妹妹:"你怎么把那么多的书都丢弃了?好书即良友,须臾不可丢。书会鞭策你、激励你奔向目标,以后不要这样了。"

书要常念,拳要常练

释义 指书必须反复研读才会有所体会,就好像拳法要勤学苦练才能熟练,这样才能练就扎实的基本功。

例句 三天没看书,我把早已背熟的文章又忘了,真是"书要常念,拳要常练"呀!

要知天下事,须读古人书

释义 指要通晓人间的事理,就必须多读古籍,从古人那里获取智慧和知识。

例句 中国历史文化博大精深,"要知天下事,须读古人书"。从书中你会学到许多知识和经验。

有味诗书苦后甜

释义 指美好的诗篇和文章都必须用心研读,才会领会其中真意,并运用自如,从中尝到甜头。

例句 读书如果一目十行,就会只知其表不知其里,即使读很多书也不会有太大的收获。"有味诗书苦后甜",一定要下工夫去钻研,才会受益。

要通古今事,须看五车书

释义 指要想博古通今,必须饱览群书,才能有所突破和超越。

例句 中国历史源远流长,上下五千年的文化璀璨夺目,难怪大家都说"要通古今事,须看五车书"呢!

书中自有千钟粟

释义 粟:谷类作物。旧时认为只要专心读书就能获得荣华富贵。

例句

用功读书自会功成名就,常言道:"书中自有千钟粟"。赶紧努力吧!

书到用时方恨少

释义

方:才。指在实际运用中才发觉书读得太少。强调应多读书,多积累。

例句

"书到用时方恨少",这已经或将在你们身上考验。(谢觉哉《不惑集·写给子女的几封家信》)

书山有路勤为径,学海无涯苦作舟

释义

径:门径,门路。意思是学习没有止境,如果要攀登知识的高峰,就必须刻苦努力,奠定扎实的基础。

例句

现在,还须脚踏实地用勤奋来弥补这笔和文字的不足。书山有路勤为径,学海无涯苦作舟。(峻青《雄关赋》)

不怕学不会,就怕不肯钻

释义 指不论什么事只有潜心钻研,才能学好。

例句 俗话不是说吗,不怕学不会,就怕不肯钻。功夫到了,自然熟能生巧,巧能生妙啦!(孔厥《新儿女英雄续传》)

不学无术目光浅,勤奋好学前程远

释义 不愿意学习,又不愿意提高能力的人,他的目光就短浅;凡是勤奋读书、好学上进的人,他的前程就会光明、远大。

例句 同是一母所生,老大自幼看见书本就头痛,只好回家种地;老二读书如饥似渴,终于考上大学。真是"不学无术目光浅,勤奋好学前程远"呀!

刀不磨要生锈，人不学要落后

释义

指人如果不学习就要落后、退步。只有不断学习、提高，才会有所发展。

例句

毕业典礼上，老师对全班同学说："你们虽然大学毕业了，但'刀不磨要生锈，人不学要落后'，往后还需继续学习！"

锻炼不刻苦，纸上画老虎

释义

指只有刻苦努力，才能取得较好的效果。

例句

小明总是不专心学习，东玩玩，西逛逛，妈妈对他说："锻炼不刻苦，纸上画老虎，结果会得倒数第一哟！"

蚂蚁爬树不怕高，有心学习不怕老

释义

指立志学习者不在于年龄大小。劝诫人们要活到老，学到老。

例句 每当我哀叹自己才疏学浅时，朋友就说："蚂蚁爬树不怕高，有心学习不怕老。"真后悔当初没拿出决心来学习，人家有的老人还考大学呢！

补漏趁天晴，读书趁年轻

释义 屋子漏了要趁天晴时抓紧修补，读书要在年轻时用功，意在告诉我们：做事要抓紧时机，错过了黄金时段就难有成效。

例句 每逢练功，高玉昆总在旁边督促，边指点边唠叨："补漏趁天晴，读书趁年轻；台上一分钟，台下十年功。"（沈寂《大世界传奇·金钱世界》）

育人篇

谚语故事

能师孟母三迁教，定卜燕山五贵芳

孟子是战国时期著名的思想家，小的时候，家里十分贫穷，但他的母亲并没有因此放弃对他的教育。

孟子的家最初住在郊外，经常有人在他家后面的山坡上出殡。孟子每次都跑去看热闹，回到家后，就和几个小伙伴学着别人出殡的样子玩了起来。母亲看了很担心，为了让孩子健康成长，就把家搬到了集市边。她想,这下好了,终于离开了那个葬人的地方。不巧的是,这次邻居是个屠夫。屠夫经常在院子里杀猪。刚开始,猪的尖叫声让孟子很害怕,可没多久,孟子就不怕了,又开始整天学着屠夫杀猪的样子玩,嘴里还高声模仿商贩叫卖:"快来买呀!新鲜的猪肉……"

母亲接受了前两次的教训,这次把家搬到了一个小学堂附近。听到学堂里传出的琅琅读书声,孟子每天都跑到学堂的外面去听讲。于是,母亲和孟子就在此长期定居下来。慢慢地,孟子变了,他不但变得十分爱读书,还懂得了许多礼节。也正是在母亲的教育下,孟子才学有所成。孟母三迁的故事,成为千古传颂的佳话。

五代时候的窦燕山,有五个儿子,都相继成才,被称为"兰桂齐芳"。

"能师孟母三迁教,定卜燕山五贵芳"意思是如果能像孟母和窦燕山一样教育子女,那么子女一定能够学有所成。

谚语集锦

杂草铲除要趁早,孩子教育要从小

释义 指对孩子的教育要从小抓起,让他们从小养成良好的习惯,才能健康成长。

例句 俗话说:"杂草铲除要趁早,孩子教育要从小。"孩子都七、八岁了,该送到学校识字了。

鼓不打不响,事不做不成,人不学无术

释义 指鼓只有敲打才会响,事情要去做才有可能成功,人要通过学习才能掌握技能。

例句 常言道:"鼓不打不响,事不做不成,人不学无术。"难道你就眼看着亲侄子小小年纪在外面鬼混而置之不理吗?

牛要耕田马要骑,孩子不管要顽皮

释义 指孩子要加以管束,才能够健康成长。

例句 淘气的东东不论干了什么事,他爸爸都说:"孩子还小,长大就懂事了。"牛要耕田马要骑,孩子不管要顽皮,孩子的启蒙教育很重要,一定要从小加以管束,以免日久形成不良习惯。

树不修不成林,儿不育不成人

释义 子女不受良好的教育就难以成为有用之才。

例句 俗话说:"树不修不成林,儿不育不成人。"咱们只要把孩子往革命的路上引,他们就能成长为有用的人。(海涛《硝烟》五章)

树小扶直易,树大扳直难

释义 强调早期教育的重要性。比喻孩子从小有了缺点应及时纠正,等长大了就很难纠正了。

例句

少年时期是一个人良好品德形成的重要阶段,"树小扶直易,树大扳直难",每位家长及老师一定要关注孩子的成长。

幼木长成材,能为栋梁柱

释义

比喻孩子只有从小精心培养,长大后才能成为栋梁之材。

例句

别看我们现在小,常言道:"幼木长成材,能为栋梁柱。"20年后,看我们的作为吧。

宠是害,严是爱

释义

指对子女娇生惯养,使之养成不良习惯,实质上是害了他们;从小对他们严格要求,实质上是爱护他们。

例句

刘军对孩子从小就非常严厉,从不溺爱孩子,因为他知道"宠是害,严是爱"。

纵子如纵虎

释义 指如果对子女放纵娇惯，将后患无穷。

例句 俗话说："纵子如纵虎。"你这样娇惯你的儿子，恐怕早晚要出事。

莫求金银堆成山，但愿子孙都成长

释义 金银珠宝只是物质上的富有，子孙后代都成为有用之才，才是真正的富有。强调父母望子成龙、望女成凤的迫切愿望。

例句 天下父母哪个没有"莫求金银堆成山，但愿子孙都成长"的心愿？可无奈的是有的孩子偏偏不争气呀！

娇子如杀子

释义 娇子：娇惯、溺爱儿女。指娇惯子女等于亲手杀害了他们，对子女以后的人生，没有丝毫的好处。

例句

明明把同学的文具盒偷回自己的家里,奶奶知道了却没有批评他,爷爷气极了,说:"你难道不知道'娇子如杀子'吗?怎么能睁一只眼闭一只眼?"

小树要砍,小孩要管

释义

修枝打杈是为了让小树长得直、长得壮,管教小孩子是为了让他们向好的方向发展。

例句

"小树要砍,小孩要管",你把儿子惯得跟小皇帝似的,将来会害了他的!

孩子像根杨柳条,怎么栽培怎么长

释义

指小孩子在尚未成熟之时,很容易受外界的影响,即受什么样的教育成什么样的人。这里强调早期教育对孩子的重要性。

例句

"孩子像根杨柳条,怎么栽培怎么长",每个小孩子都有可塑性,成才与否关键在于他接受了什么样的教育。

学不在多,贵在用

释义 指学习知识不在多少,关键是把学到的知识运用到实际生活中去。

例句 "学不在多,贵在用",光有满腹经纶,处理不了实际问题,还是很难在社会上立足。

学问之根苦,学问之果甜

释义 指求学之路是漫长而艰苦的,一旦有了学问并能在实践中运用,就能从中获得乐趣。

例句 "学问之根苦,学问之果甜",现在你刻苦学习,将来一切都会有回报的。

幼年学习记得深,好比石上刻道印

释义 指青少年时期是学习的最佳时期,学到的东西记忆牢固。鼓励人们趁年轻时多学点东西。

例句

"幼年学习记得深,好比石上刻道印",在学校的时光一刻千金,一定要多学知识,将来会一生受用的。

百年大计,教育为本

释义

强调在长期的发展计划中,教育起决定性作用。

例句

常言道:"百年大计,教育为本。"可见人才培养的重要。(沈莹《为师者,你的心理健康吗?》)

从师如从父

释义

指对待老师应该像尊重父亲那样,强调师徒之间的关系犹如父子。

例句

"从师如从父",班主任老师像我们的亲人一样无微不至地关心着我们。

幼苗不扶植，长大变弯木

释义 幼苗不经护理会长成弯木。比喻孩子从小应接受良好的教育，长大之后才能成为有用之才。

例句 孩子小小年纪学了这么多陋习，"幼苗不扶植，长大变弯木"，你作为孩子的母亲，我希望你要重视起来。

名师出高徒

释义 只有高素质、高文化的师傅，才能够培养出一流的徒弟。

例句 俗话说，名师出高徒。要是老师写的字歪歪扭扭的，教出来的学生又怎能成为书法家呢？

响鼓不用重锤

释义 比喻聪敏睿智的人不需要太多教导，只要稍加指引，便能很快领悟。

例句

响鼓不用重锤。冯永祥一点,徐义德就明白了。(周而复《上海的早晨》)

不严不成器,过严防不虞

释义

虞:预料。教育子女或学生要严格要求,但过严又怕出意外,所以要掌握分寸。这里比喻方法要得当。

例句

如今的孩子大多是独生子女,在家娇生惯养。"不严不成器,过严防不虞",老师们常常在教育方法上大伤脑筋。

生活靠太阳,人才靠培养

释义

指美好的生活离不开阳光,人才的成长离不开外界环境的培养。

例句

生活靠太阳,人才靠培养。教书育人是一份多么神圣的工作!

人不教不懂，钟不敲不鸣

释义 人如果不接受教育很难获得知识，就好像钟不敲永远都不会响一样。

例句 你对他再吼叫，也无济于事，"人不教不懂，钟不敲不鸣"，要想让他理解这道证明题，除非你耐心地给他讲解。

玉不琢，不成器

释义 美玉只有经过琢磨才更有价值，比喻人只有通过不断地学习、磨炼，才能成为人才。

例句 先生所言不差，阿金确非凡品，但玉不琢，不成器，无名师难出高徒。（凌力《少年天子》）

业精于勤

韩愈在文学方面很有名,但在仕途上却多有波折,曾经被贬到边远的地方去当一个小县令,多年以后,才当上国子监博士。

韩愈上任后,认真地教育他的学生。一天,他以自己的切身体验启发学生们说:"年轻人啊,学业的精深,决定于勤奋,游荡懈怠就会荒废;事业的成功,在于独立思考,随波逐流就要失败。这是我多年来亲身的体会,

这叫做'业精于勤,荒于嬉;行成于思,毁于随'。"

学生中有人大胆地说:"老师,据我们所知,您名满天下,学业精深,朝廷并没有重用您;您直言进谏,反而被贬到边远地区去了。您现在依然过着清苦的生活,您的学问并没有为您带来权势和财富,那么学与不学又有何妨,只不过是清高罢了。"

韩愈严肃地说:"你说错了!做人难道就为了升官发财?读书、做事难道只是为了让妻子儿女过上富裕的生活?古时司马迁是个学识渊博的人,他受了酷刑,但仍然坚持完成《史记》这部伟大的著作;屈原是个对国家大事能够独立思考的诗人,他被流放直到自沉汨罗江,还是关心着楚国的兴亡。他们是没有过上锦衣玉食的生活,但他们从未停止对真理的探求。"

"业精于勤",比喻在学业方面或事业方面要取得进步、发展,需要一定的努力与勤奋。

谚语集锦

不怕慢，只怕闲

释义 指不停地劳动和工作，即使动作慢收获也很大；而闲着不做，自然会一无所获。

例句 俗话说，不怕慢，只怕闲。骄傲的兔子终于被有韧性的乌龟打败了。

镜子不擦起灰尘，人不勤劳成废人

释义 指人若不劳动，生活就毫无意义，人也不会成为有用的人。

例句 镜子不擦起灰尘，人不勤劳成废人。墩子最近成天好吃懒做，他看上去越来越颓废了。

不动扫帚地不光，不动锅铲饭不香

释义 比喻不付出劳动，就不会有收获。

例句 咱们可不能再坐享其成了，"不动扫帚地不光，不动锅铲饭不香"，总得亲自去拼搏争取，才能有所收获。

懒汉一伸腰，勤汉走三遭

释义 形容懒人做事从不抓紧时间，因此效率很低；勤劳的人做事效率高。

例句 海丽每天比我早起一小时，当我睁开惺忪的睡眼时，她已经做好饭正背单词呢！真是"懒汉一伸腰，勤汉走三遭"。

勤人过山易，懒汉动指难

释义 只要勤于实践，一定能战胜万难，而什么也不愿意做，自然一事无成。

例句

舅舅训斥表妹："让你去隔壁的阿姨家借把锤子，怎么说你就是不动，哎！真是'勤人过山易，懒汉动指难'呀！"

临渊羡鱼，不如退而结网

释义

与其在潭水前羡慕鱼儿，不如尽快制作捕鱼工具。比喻空想是没有用的，一定要付诸实际行动，才能实现自己的理想。

例句

我想，"临渊羡鱼，不如退而结网"。如今之计，莫若也学老大圣四海去求仙成道，那时定有妙用。（《后西游记》二回）。

守着大河无水浇，守着青山无柴烧

释义

对于懒散的人来说，不管身边的条件多么有利，也不会抓住机会，加以珍惜和利用。

例句 家里有数十亩地,你却嫌累不去耕种,到头来缺吃少穿的,真是"守着大河无水浇,守着青山无柴烧",这样下去怎么行呢?

人勤穷不久,人懒富不长

释义 人若勤快,很快会过上富裕的生活;人若懒散,不管多么富有也会很快走向贫穷。

例句 常言道,人勤穷不久,人懒富不长。只要你不怕苦,不怕累,跟着大伙好好儿干,不出三年,保证日子会好起来。

年幼贪玩,老来要饭

释义 从小不努力学习,长大以后也不会有所成就。

例句 老人们常说,年幼贪玩,老来要饭。王家那个二儿子,从小就不求上进,果不其然,长大成家后穷得叮当响。

坐吃山空海也干

释义 比喻不爱劳动、好吃懒做的人，总会将家产挥霍尽。

例句 自从你父亲过世，你只在家里闲坐，十年光景，本来挺优裕的家业，现在变得黯淡无光了，真是"坐吃山空海也干"。

一年之计在于春，一生之计在于勤

释义 在春天安排好一年的计划，这一年一定会有很大的收获。人的一生要想有所成就靠的是勤奋。

例句 "一年之计在于春，一生之计在于勤"，你这么勤快，现在日子虽穷，但以后一定会逐渐变好的。

只要功夫下得深，铁杵磨成绣花针

释义 杵：舂米或捶衣的木棒。只要下足功夫，不怕苦，不怕累，再难做的事也能成功。

例句

只要功夫下得深,铁杵磨成绣花针。你是能下功夫的人,又肯动脑筋,自然能干出个眉目来。(程树榛《大学时代》)

立志篇

谚语故事

yǒu zhì bú zài nián gāo， wú zhì kōng zhǎng bǎi suì
有志不在年高，无志空长百岁

　　shào nián gān luó cōngmíng jī zhì néng yán shàn biàn tā xiǎo xiǎo nián
　　少年甘罗聪明机智，能言善辩。他小小年
jì jiù tóu bèn dào qín xiàng lǚ bù wéi mén xià zuò mén kè
纪，就投奔到秦相吕不韦门下做门客。
　　yǒu yì tiān lǚ bù wéi huí dào jiā lǐ liǎn sè fēi cháng nán kàn
　　有一天，吕不韦回到家里，脸色非常难看，
gān luó jiàn zhuàng jiù zǒu shàng qián wèn dào chéngxiàng yǒu shén
甘罗见状，就走上前问道："丞相有什
me xīn shì ma lǚ bù wéi jiàn shì gān luó jiù huī huī
么心事吗？"吕不韦见是甘罗，就挥挥
shǒu shuō zǒu kāi zǒu kāi xiǎo
手说："走开，走开，小
hái zi zhī dào shén me gān luó
孩子知道什么？"甘罗
gāo shēng shuō dào chéngxiàng shōu yǎng
高声说道："丞相收养
mén kè bú jiù shì wèi le tì zì
门客不就是为了替自
jǐ pái yōu jiě nàn
己排忧解难
ma xiàn zài nǐ yǒu
吗？现在你有

了心事却不告诉我，我即便想要帮忙的话，也没有机会啊！"吕不韦见甘罗挺自信的样子，便说："秦王派刚成君蔡泽到燕国为相，已经三年了，燕王对他很满意，派太子丹到秦国做人质，表示友好。我要派张唐到燕国为相，可是他却借故推辞不去。"甘罗自告奋勇前去说服张唐。他分析了张唐现在的处境，指出他如果不去的话可能导致的后果。张唐听后吓出一身冷汗，连忙说愿意前往。

后来，甘罗又出使赵国，没动一兵一卒就让赵国交出了五座城池，同时还笼络了赵国，达到了秦国的目的。

秦国国君为了奖赏甘罗，就封他为上卿，赏赐了许多田宅。当时，甘罗只有12岁。

"有志不在年高，无志空长百岁"，这句话告诉我们：人无论年纪大小都可以立志，有所作为；如果没有志气，没有作为，即使活到百岁也是白活。

谚语集锦

胸有凌云志，无高不可攀

释义 人只要心中有理想，就没有做不成的事。

例句 一个人应从小立下自己的雄心壮志，常言道，胸有凌云志，无高不可攀，只要不断奋斗，就一定会成功。

有心大海能捞针，无心小事也难成

释义 指有理想、有志气的人，无论遇到多难办的事也不会畏缩，没有志气的人连一件小事也办不成。

例句 凡事只要用心去做，肯定会成功，"有心大海能捞针，无心小事也难成"！切勿整日晃荡，虚度光阴。

草若无根不发芽，人若无志不奋发

释义 指草没有根难以发芽，人如果没有志向就会无所事事，难以奋发图强。

例句 为了考大学，他吃了多少苦，受了多少累，尝尽了世间的酸甜苦辣，真是"草若无根不发芽，人若无志不奋发"。

得志一条龙，失志一条虫

释义 指人有了志向，就像一条腾云驾雾的巨龙；如果没有志向，就像一条可怜的虫子。也指小人得志时龙腾虎跃，而一旦失意就灰心丧气、萎靡不振。

例句 俗话说："得志一条龙，失志一条虫。"自从当上了部长，他整日雄心勃勃，干劲十足。

钢铁怕火炼，困难怕志坚

释义 烈火可以将钢铁熔化，而坚强的意志可以克服任何困难。

例句

钢铁怕火炼,困难怕志坚,自古以来一物降一物。

海边岩石坚,不怕浪来颠

释义

比喻有坚定志向的人,无所畏惧眼前的大风浪。

例句

"海边岩石坚,不怕浪来颠",共产党员为了革命事业,视死如归。

虎瘦雄心在,人穷志不衰

释义

指人虽贫穷,但只要有雄心壮志就没有做不了的事。

例句

你竟敢耻笑我穷,常言道,虎瘦雄心在,人穷志不衰,我看你是小看人了。

立志而无恒,终究事无成

释义

恒:恒心,长久不变的意志。终究:毕竟,终归。

指人有坚定的意志,没有持之以恒的决心,也不会成就大业。

例句

小吴啊,你可要知道,立志而无恒,终究事无成,你刚学了三个月修车,怎么又想起学开车了!

马瘦毛长,人穷志坚

释义

指人穷,意志会变得更加坚定。强调穷则思变的道理。

例句

常言道:"马瘦毛长,人穷志坚。"可不要小瞧了这帮打工的人,他们什么苦都吃得下。

人凭志气虎凭威

释义

凭:凭借。比喻人要想成大事全凭志向远大,就像老虎称王全凭虎威一样。

例句

周铁杉焦急地看了章易之一眼,说:"人凭志气虎凭威。老章,我呀,跟你说……咱们不能忘了裕明别墅那天早上,勃拉克临走,直着脖子喊:离开'美孚',你们只是一片黑暗。这口气,憋了十年了!这口气非争不可!"(张天民《创业》)

少无志气,老无出息

释义 指年轻的时候如果没有志气,到老也难成大事。

例句 常言道:"少无志气,老无出息。"这孩子从小就敢想敢干,而且做事井井有条,将来一定会有出息。

无志者千难万难,有志者千方百计

释义 指没有志气的人做什么事都觉得难,有志气的人干什么事都绞尽脑汁,想方设法。

例句 王业务员为了推销产品想出了许多点子,而李业务员整天抱怨工作不好干,真是"无志者千难万难,有志者千方百计"。

人有志气铁有钢

释义 指人有了志气就会如钢铁一般坚韧有力。

例句 同样是落榜生，人家张薇为什么自己打拼出了一片天地，你却一事无成！"人有志气铁有钢"，成败的关键在于自己是否有志气去拼搏。

一个人没有理想，等于鸟没有翅膀

释义 鸟没有翅膀就无力飞翔，人没有理想就没有生活的动力，人生也毫无光彩。

例句 老师把成天睡大觉的吴磊叫到办公室："吴磊，上学为了什么？一个人没有理想，等于鸟没有翅膀，眼看快初三毕业了，你怎么就没有一点儿雄心壮志呢？"

人穷志不穷

释义 指在物质上贫穷的人有远大的志向。

例句 铁男兄弟,咱们都是受苦人,俗话说:"人穷志不穷"。只要咱立下为受苦人争口气的志,就没有过不去的火焰山!

冻死不烤灯头火,饿死不吃猫剩食

释义 指做人要有志气,即使冻死、饿死也不靠别人的同情和施舍过日子。

例句 你忘啦!冻死不烤灯头火,饿死不吃猫剩食!你怎么就没有一点儿骨气呢?看着我都生气!

不怕路远,就怕志短

释义 不怕路途遥远,就怕没有走下去的决心与勇气。强调成败的关键在于人是否有志气。

例句 这次任务相当艰巨,"不怕路远,就怕志短",我担心你们打退堂鼓。

一人立志,万夫莫夺

释义 指人若决意去做某事,很难因外界因素而改变自己的决定。

例句 林公与梁氏见女儿立志甚决,怕她做出短见之事,只得依她。正是:一人立志,万夫莫夺。(冯梦龙《醒世恒言》)

立志容易,做事难

释义 指立下志向并不难,把志向落实到具体的行动中,并持久坚持下去,就不那么容易了。

例句 常言道:"立志容易,做事难。"如果没有持之以恒的决心,树立再远大的志向,也难以实现。

坚韧篇

谚语故事

仁者见仁，智者见智

两个人在路上走，路过一座房子的时候，他们发现墙脚有一只蚂蚁。这只蚂蚁努力地往墙上爬着，每次爬到一个凸点的时候，都会掉下来。但是掉了好几次之后，蚂蚁仍在艰难地往上爬着。

第一个人看了后摇了摇头，说："这只蚂蚁真是太笨了，它就不

能换条路爬吗?我们一定要从它身上吸取教训,该变通的时候得变通啊!"于是,从这只蚂蚁身上,他学会了聪明和做事的变通。第二个人看了后却竖起大拇指,说:"这只蚂蚁做得好,知道坚持。连蚂蚁都明白这个道理,我们做事的时候又该如何呢?"于是,从这只蚂蚁身上,他学会了坚强和做事的韧性。

同样是一只蚂蚁,不同的人看到它,得到的是完全不同的结论。这是一个典型的"仁者见仁,智者见智"的案例。

"仁者见仁,智者见智"这句话出自《易经》,原文是"仁者见之为之仁,智者见之为之智",现在指对同一个问题,每个人观察的角度不同,见解也不相同。

谚语集锦

暴风吹不倒昆仑山,困难吓不倒英雄汉

释义 比喻英雄好汉是不会被任何困难所吓倒的。

例句 经过几次战斗的洗礼,雷同更坚强了,从来就是"暴风吹不倒昆仑山,困难吓不倒英雄汉"。

深水莫畏渡,事难莫停步

释义 比喻事情无论多难也不要轻言放弃。

例句 炸掉这座钢筋混凝土桥是个艰巨的任务,我国有句话:深水莫畏渡,事难莫停步。无论如何,我们只许成功,不许失败。

经不起风吹浪打，算不得英雄好汉

释义 指不经困难和挫折的考验，难以成为英雄豪杰。

例句 经不起风吹浪打，算不得英雄好汉。只有充满硝烟与战火的战场，才能炼就我们钢铁般的意志。

不担三分险，难练一身胆

释义 人只要有冒险精神，就会有过人的胆识。

例句 感谢组织把这么重要的任务交给我完成，"不担三分险，难练一身胆"，这是一次自我锻炼的好机会。

困难是懦夫回头的起点，也是勇士前进的起点

释义 面对困难，懦夫知难而退，勇士知难而进。

例句 什么事都可以一分为二地去看待，困难是懦夫回头的起点，也是勇士前进的起点。

好汉流血不流泪

释义 指英雄好汉应有坚韧不拔的性格，就算是流血也不流泪。

例句 我哭过，也记得你劝过我，说好汉流血不流泪。老实讲，我也不是为了自己哭呀！（里汗《新绿林传》）

天不怕，地不怕，老虎屁股也要摸一下

释义 指做事要有勇有谋，不要被眼前的困难吓倒。

例句 我向来天不怕，地不怕，老虎屁股也要摸一下，区区几个毛贼，胆敢在太岁头上动土，看我怎么收拾他们！

不怕山高老虎恶，就怕没吃铁秤砣

释义 比喻做事只要有坚定的信心，就能战胜一切困难。

例句 俗话说："不怕山高老虎恶，就怕没吃铁秤砣。"

只要有信心，什么事都能办成。

怕刺的人，摘不到红玫瑰

释义 比喻胆小怕事的人，难以实现理想。

例句 怕刺的人，摘不到红玫瑰，即使在困境中，我也要迎难而上。

撒网要撒迎头网，开船要开顶风船

释义 形容英勇善战，敢于向任何困难挑战。

例句 男子汉大丈夫理应"撒网要撒迎头网，开船要开顶风船"，瞧你胆小如鼠的样子，真丢人！

越怕事，越有事

释义 越是提心吊胆，越有事情发生。即要勇于迎接挑战。

例句 大家不要怕,"越怕事,越有事",把悬着的心放下来,天塌下来有地顶着。

怕小河过不了大江

释义 指在小困难面前低头、畏惧,就无法挑战更大的困难,取得更大的胜利。

例句 "怕小河过不了大江。"你们连这点小困难都克服不了,将来遇到大的困难怎么办?

怕走崎岖路,莫想攀高峰

释义 比喻要取得成功,就不要畏惧眼前的任何困难。

例句 指导员说:"怕走崎岖路,莫想攀高峰。革命事业任重道远,大家一定要有思想准备。"

勇敢的人是自己的救星

释义 指勇敢的人能经得住考验,最终通过自己的努力走出困境,走向成功。

例句 遇到困难千万不要吓做一团,勇敢的人是自己的救星,你一定要挺身而出,迎接挑战。

才能篇

谚语故事

士别三日，刮目相待

吕蒙是三国时期东吴著名的大将，此人英勇无比，武艺高超，但从来不曾认真读过几本书。为此，鲁肃一向瞧不起他，认为吕蒙不过是草莽英雄罢了。

孙权见吕蒙年轻有为，又身居要职，就想劝他多读书，增长知识。有一天，孙权对吕蒙说："你从十五六岁起，一年到头打仗，没有时间读书，现在做了将军，不能再不

学习啦！"吕蒙说："我实在是因为军务太忙，没有时间读书呀！"孙权摆摆手说："你虽然很忙，但能有我忙吗？我每天还抽出时间读书，觉得大有好处。"孙权还引用孔子、汉光武帝刘秀读书的例子来劝导，终于说动了吕蒙。

此后，吕蒙专心致志，发奋读书，读书的范围和精辟的见解，连一些老儒生也赶不上。不久，吕蒙当上了偏将军，官职逐渐升高。

后来鲁肃拜访吕蒙，在与吕蒙谈论时局、军事时，鲁肃大为惊讶，因为吕蒙已经见识非凡，自己也有所不及。鲁肃高兴地拍着吕蒙的肩膀说："过去认为你除了打仗，别无长处，今日一见，文武双全，才识广博，已非当年吴下阿蒙了。"

吕蒙笑着说："士别三日，即应刮目相待。"

"士别三日，刮目相待"，比喻相别不久，再见面时，应当用新的眼光去看待。也用来赞扬一些人今非昔比，不可等闲视之。

谚语集锦

天才在于学习,知识在于积累

释义 要想成为天才就要不断地学习,知识的掌握需一点一滴地积累。

例句 "天才在于学习,知识在于积累。"人贵在勤奋,懒惰的人是最没出息的。

万丈高楼平地起

释义 想建成高楼大厦,需要从基础开始建起。指要成大事,必须打好基础。

例句 俗话说"万丈高楼平地起",不是老师给他们打基础,他们谁能一下子跳到半天里去?(张石山《青石沟出了真秀才》三)

一日练一日功，一日不练百日空

释义

指成功靠持之以恒，中途停止会全盘落空。

例句

学弹琴要持之以恒，常言道："一日练一日功，一日不练百日空。"假若只是兴趣来了练一会儿，肯定没什么成就。

参天大树幼苗长

释义

一棵幼苗要经很长的时间才长成参天大树。指再好的结果也要有一定的过程。

例句

参天大树幼苗长，孩子的基础教育切不可忽视啊！

没有学爬，不要学走

释义

还没有学习爬行，就不要学习走路，指学习需要一步步来。也指凡事不可操之过急。

例句 "没有学爬,不要学走",你指法还没练熟,怎么能快速地打字呢?

一锹挖不出金娃子

释义 锹:铁锹。比喻做事情不要过于急躁,凡事不可能一步到位。

例句 这么多的事情只能一件件去办,常言道:"一锹挖不出金娃子。"凡事都有个过程,不可操之过急。

知识在于积累,天才在于勤奋

释义 指知识是一点一点积累起来的,天才是靠不断努力学习的结果。

例句 "还是用功学习吧,'知识在于积累,天才在于勤奋',没有人随随便便会成功。"班长自言自语道。

千里之行，始于足下

释义 足下：脚下。再远的路也要从第一步开始。比喻若想实现远大理想，就不要忽略眼前的小事，要从点滴开始做起。

例句 人常说："千里之行，始于足下。"走一步才能说一步，一口总吃不成一个胖子吧。（聂海《靠山堡》）

一天学会一招，十天学会一套

释义 学习不是一天的工夫就能有效果的，只有平日多积累，才能学到真本领。

例句 俗话说："一天学会一招，十天学会一套。"坚持每天写日记，对提高写作水平会有很大的帮助。

刀儿越使越亮，知识越积越多

释义 指知识是靠平日里点滴积累起来的。

例句

俗话说:"刀儿越使越亮,知识越积越多。"我决定每天背一篇英语短文,以后也会成为一个"英语通"的。

万里长城今犹在,不见当年秦始皇

释义

比喻物是人非,过去的英雄人物早已成为历史。

例句

漫步紫禁城,想当初多少皇族在这里生活,又有多少故事在此发生,可现在一切都被历史尘封,真是"万里长城今犹在,不见当年秦始皇"啊!

江山易改,本性难移

释义

环境容易改变,但人的本性很难改变。

例句

只要能捞钱呀,你就什么事情都能干出来!比如去年郭添生了病,你就向他家放过高利贷。大家斗了你两次,可是你江山易改,本性难移。(于逢《金沙洲》)

天有时刻阴晴，人有三回六转

释义 指人的思想和天气一样，变化无常。

例句 常言道："天有时刻阴晴，人有三回六转"，你怎么还是不开窍？

雨不能下一年，人不会穷一世

释义 指人不会一辈子受穷，总有时来运转的一天，就像雨不能一直下一年一样。

例句 你不要门缝里看人，把人看扁了。现在我们是没钱，但"雨不能下一年，人不会穷一世"，将来我们一定会比你强！

举止篇

谚语故事

树倒猢狲散

南宋奸相秦桧在任职期间,大权在握,陷害忠良,扶植亲信。当时有个名叫曹咏的人,与秦桧沾亲带故,这人又善于投机钻营。秦桧任宰相之后,曹咏就阿谀逢迎,秦桧便提携他做了侍郎。

曹咏的大舅子叫厉德新,在乡里当小小的"里正",周围人都劝他去曹咏家走亲戚,不要放过眼前的荣华富贵。

厉德新却不屑一顾，他早就痛恨秦桧卖国求荣，对曹咏这种趋炎附势的小人从心底里看不起。

秦桧死后，曹咏被贬新州。

厉德新听说曹咏被贬职，心中高兴，想讽刺讽刺曹咏。他想到以前听说过的故事：据说秦桧还未发迹时，曾当过私塾先生，成天与那些顽皮的孩子打交道，生活很清苦。有一次他发牢骚说："将来我有了钱，一定不做猢狲王。"厉德新灵机一动，以《树倒猢狲散》为题目，写了一篇赋，派人送给曹咏。曹咏打开一看，原来是讥讽自己的，赋中把秦桧比做一棵大树，把曹咏之流比做依附大树作威作福的猢狲，大树一倒，猢狲们就散伙了。

"树倒猢狲散"。比喻有权势的人一旦垮台，依附他的人也随即垮台，就像大树倒了，树上的猢狲无处存身，只得离散一样。

刀利割手，话利伤心

释义 刀子太锋利就会割破手指，话语太犀利就会伤害别人的心。

例句 为人处世，一定要注意说话方式，刀利割手，话利伤心，不要因为一句话，而伤了感情。

衣长碍足，语多失言

释义 衣服过长有碍走路，话说的太多可能产生误解。

例句 儿子要去相亲，母亲千叮咛万嘱咐："衣长碍足，语多失言，你去人家家里，尽量少说话。"

含血喷人，先污自己口

释义

恶语伤人，首先是玷污自己的清白，也是自取其辱。

例句

你不要胡编乱造，污我清白。你要知道，含血喷人，先污自己口。

言巧不如理真

释义

花言巧语掩盖不住真理。

例句

尽管你强词夺理，巧舌如簧，但言巧不如理真，到头来是非自有公论。

蛇毒在牙齿，人毒在舌头

释义

蛇之所以毒，是因为牙齿附近的毒腺充满毒液；人之所以狠毒，是因为说话不讲方式，语出伤人。

例句

蛇毒在牙齿，人毒在舌头。王婆子说话真歹毒，想把罪责推到刘二牛身上。

一言能惹塌天祸，话不三思休启口

释义

一句话可能招来天大的灾祸，所以要经反复思考再开口说。

例句

大臣们在皇帝面前真是谨小慎微，一言能惹塌天祸，话不三思休启口，伴君如伴虎呀！

宁吃过头饭，不说过头话

释义

说话要把握分寸，不说不切实际的话。

例句

"你们如果造一条河，奶奶饭不吃，一口气把它喝干！""奶奶啊，宁吃过头饭，不说过头话。"（刘澍德《同是门前一条河》）

说话要真，喝水要清

释义

做人要讲实话，犹如口渴要喝清凉的水一样。指说话应真实可靠。

例句

大丈夫说话要真，喝水要清，你整天胡话连篇，累不累？

三人六样话

释义

强调同一件事，每个人看法不一，彼此都有各自的说法。

例句

不必再问了，三人六样话，最终的主意还是得你自己拿。

实话驳不倒，谎话怕追究

释义

真实的话，谁也无法把它驳倒；谎话一追究就会暴露真相。劝诫人要讲实话。

例句

实话驳不倒，谎话怕追究。只要我们放出风去，一定追查到底，他们自会慌张失措，露出马脚的。

是非只为多开口,烦恼皆因强出头

释义 话说得太多会招惹是非,从而带来麻烦。

例句 小昆仑郭顺听和尚说话不通情理,自己有心翻脸。后又一想,是非只为多开口,烦恼皆因强出头,我何必跟他为仇作对!(《济公全传》二二二回)

大水没有杂音,贤人没有狂言

释义 比喻贤德的人从不口出狂言。

例句 "大水没有杂音,贤人没有狂言",周博平时为人正派,一定会言出必行的。

闲话不御寒,空话不抵饿

释义 御:抵挡。闲言碎语或者空谈无法解决实际问题,起不了关键性作用。

例句

跟大伙儿谈话的时候,一定要抓住重点,闲话不御寒,空话不抵饿,没用的说多了,会引起反感。

张家长,李家短

释义

指某人总爱背地讲别人的闲话。

例句

她没事就站在大街上张家长、李家短地搬弄是非,这种人真可恶!

言出如山

释义

指话一旦说出去,就无法改变。

例句

言出如山,你怎么能反悔?

看其面不如听其言,听其言不如察其行

释义

看一个人的外表,不如倾听他的言谈;倾听他的言谈,不如观察他的行动。

例句

这位青年仪表堂堂,颇受人喜爱,但看其面不如听其言,听其言不如察其行。业务总监这一职务很重要,还需要对他进行一番考验,方可决定是否聘用。

君子一言,重于九鼎

释义

九鼎:传说夏禹铸九鼎。比喻话说出来,就要付出实际行动,这样一句话才有分量。

例句

君子一言,重于九鼎,岂有反悔之理?

要学老牛勤耕田,莫学鹦哥尽练嘴

释义

指做人要踏实肯干,不能只讲空话。

例句

年轻人要学老牛勤耕田,莫学鹦哥尽练嘴,脚踏实地才是硬道理。

三句好话不如一拳头

释义 劝诫人多做实事，少谈空话。

例句 三句好话不如一拳头，今天谁不交也不行！

莫说得天花乱坠，莫做得分文不值

释义 说话要符合实际，不可捕风捉影；说得再好，不付出实际行动也是不可取的。

例句 不论你是做什么的，莫说得天花乱坠，莫做得分文不值，否则你的信誉全无。

仪表篇

谚语故事

挂羊头卖狗肉

齐国的国君齐灵公有个奇怪的癖好：爱看女人穿男人的服装，并按照男人的样子打扮。为此，全国各地的妇女穿上了男人的服装。女穿男装，男女不辨，这是一种很不正常的现象，齐灵公也意识到了这一点。于是，他又让官吏们去禁止此事，还特地下了一道命令："今后凡是女子穿男子衣服的，一经发现，就撕破她的衣服，扯断

她的衣带。"

齐灵公以为，采取这样严厉的措施，一定能制止女穿男装的现象。不料，结果并非如此。虽然有不少女人的衣服被撕破、衣带被扯断，但仍然有许多女人穿男子的衣服。因此，这种现象并没有被完全制止。

有一次齐灵公见到了晏子，就问他："我已经下了命令，禁止女子穿男子的服装。一经发现，就撕破她们的衣服，扯断她们的衣带。可是，为什么仍然制止不了呢？"

晏子说："大王让宫中的女子都穿男子的服装，却禁止宫外的女子穿男子的服装。这就好比门外悬挂着羊头，而门内卖的却是狗肉一样，怎么能让人信服呢？您为什么不首先在宫中禁止女扮男装呢？这样，外面的人自然也就不敢违抗了。"

"挂羊头卖狗肉"，原指打着好招牌，卖劣质货，现在用来比喻表里不一。

人美美的是灵魂,鸟美美的是羽毛

释义 人是否美丽体现在他的心灵,鸟是否美丽体现在它的羽毛。

例句 现代社会有一些人,为了外表美而不惜万金去美容,甚至到国外整形。这样做真是不可取,要知道人美美的是灵魂,鸟美美的是羽毛。

心里亮堂是天堂,心里黑暗是地狱

释义 心灵明亮的人好像生活在天堂,心灵丑恶的人好像生活在地狱。

例句 "一个人的心境是决定他是否幸福的重要因素,心里亮堂是天堂,心里黑暗是地狱",这句话实乃真理。

一俊遮百丑

释义 比喻一个优点可以遮掩许多缺点。

例句 谢盼虽然说话结巴,长得很丑,但学习成绩一直名列前茅,很受老师和同学的欢迎。真可谓"一俊遮百丑"。

人美在有智慧,话美在有哲理

释义 人是否美丽在于他的智慧,话语是否中听在于它的哲理性。

例句 人美在有智慧,话美在有哲理。你自知理亏,就不要再无中生有地跟人家狡辩了。

嘴硬骨头酥

释义 表面显得很坚强,内心却极为脆弱。

例句 她一直拒绝交出秘方,可面对的毕竟是杀人不眨眼的土匪,她是嘴硬骨头酥,其实内心早已乱如一团麻。

牡丹花好空入目,枣花虽小结果多

释义 牡丹美丽,只能欣赏;枣花虽然貌不惊人,却能结出丰硕的果实。

例句 外公对舅舅说:"将来娶媳妇,一定要娶个平常人家的姑娘。牡丹花好空入目,枣花虽小结果多。千金小姐太娇气,穷人家的女孩会过日子。"

行如风,立如松

释义 行走的时候像一阵轻盈的春风;站立的时候要像松树一样挺拔、笔直。形容仪态优美。

例句 付东自幼习武,练成了一身好功夫。他行如风,立如松,让人惊羡不已。

蛇皮华丽,牙齿有毒

释义 蛇皮美艳,但牙齿却含有剧毒。比喻外表美丽,心肠狠毒。

例句 蛇皮华丽,牙齿有毒。皇妃们个个笑脸相迎,可暗地里却钩心斗角,互相排挤。

破衣里面有圣人,破鞍底下有骏马

释义 衣衫破旧的人也可能是圣贤之人,残破的马鞍下面也可能是骏马。指看待人或事物不要只重外表,更要看清实质。

例句 不要小瞧农村的孩子,破衣里面有圣人,破鞍底下有骏马,他们将来会有大出息的。

只知我外面形状,哪知我肚内文章

释义 意思是看人不能光看外表,更应究其内涵。

例句 父母只知我外面形状，哪知我肚内文章，不知不觉我与他们之间有了代沟。

凡人不可貌相，海水不可斗量

释义 意即不以貌取人，犹如海水不宜用斗衡量。

例句 晏子身材矮小却才高八斗，安徒生出身贫寒却成为了大作家……无数事实说明了一个道理：凡人不可貌相，海水不可斗量。

骏马不配金鞍，照样日行千里

释义 好马即使没有华贵的鞍套，也不影响其行程。

例句 在20世纪80年代那么艰苦的条件下，无数学子照样功成名就，正所谓"骏马不配金鞍，照样日行千里"。

画水无鱼空作浪，绣花虽好不闻香

释义 画出来的水流虽有浪花，鱼儿却无法生活在里面；绣出来的花朵虽然好看，却散不出花香。意即虽然外表可以以假乱真，但本质却大不一样。

例句 我的同事说话如蜜一般甜，可仔细一琢磨，没一句能用得上，全是假话，真是"画水无鱼空作浪，绣花虽好不闻香"啊！

中看不中吃

释义 指外表好看，很招人喜欢，但没有实用价值。

例句 不要以为火龙果是中看不中吃的水果，其实它的营养价值很高。

当面笑呵呵，背后毒蛇窝

释义 指当面态度很好，背后却是狠心肠。也作"笑里藏刀"。

例句

刘地主是个笑面虎,当面笑呵呵,背后毒蛇窝,大家都处处提防他。

木头刻的大狮子,貌似凶恶不可畏

释义

指木头雕刻的狮子只具有狮子的外表而已,不会让人产生恐惧心理。

例句

他长得凶悍,但性格温和,容易接近,朋友颇多,正所谓"木头刻的大狮子,貌似凶恶不可畏"。

放光的不都是金子,能说的不都是好汉

释义

不一定所有的金子都闪闪发光,本领高强的人不一定都是能说会道的。比喻看事要究其实质。

例句

这次竞选中,有数十人成绩优异,但放光的不都是金子,能说的不都是好汉,还要经过更严格的心理

测试，才能决定最终人选。

狼披羊皮更阴险

释义

比喻伪装往往能麻痹人，带给人的危害更大。

例句

大家一定要警惕混入我军内部的敌人，狼披羊皮更阴险，大家一刻也不能掉以轻心。

交际篇

谚语故事

四海之内皆兄弟

有一次,孔子的学生司马牛向孔子请教"仁"的含义。孔子知道司马牛的缺点是说话不怎么谨慎,就说:"仁人的言谈是很谨慎的"。

司马牛还是不怎么明白,又问:"言谈谨慎,就可以算是'仁'吗?"

孔子语重心长地说:"不管什么事,做起来都是很困难的,说起来能不谨慎吗?"

司马牛又问怎样做才可以算是君子，孔子说："君子不忧愁，不畏惧"。司马牛又没有明白这话的意思，又问孔子："难道不忧愁、不畏惧就可以叫做君子吗？"孔子说："君子经常反省自己，做到问心无愧，还有什么忧愁和畏惧的呢？"

司马牛告别了孔子，出来碰见了孔子的另一个学生子夏。司马牛又忧愁地对子夏说："别人都有兄弟，唯独我没有。"

子夏听了，就安慰他说："我听别人说过：'死和生都是由命运决定的，富贵与否则是由上天安排的'。君子做事认真，没有差错，对人恭敬而有礼貌，那么天下所有的人都是兄弟，君子何必忧愁没有兄弟呢？"

古人以为中国四周都是大海，就用"四海之内"代指全中国。"四海之内皆兄弟"就是全中国的人都像兄弟一样，比喻朋友很多。

酒朋饭友，没钱分手

释义 指靠金钱换来的友谊不会维持太久。也作"酒肉朋友，难得长久"。

例句 俗话说，酒朋饭友，没钱分手。当你落魄的时候，不要奢望得到他们的帮助。

酒肉朋友千个有，落难之中无一人

释义 平时酒场上的朋友很多，遭难时一个也不见踪影。告诫人们酒肉朋友靠不住。

例句 我常说，酒肉朋友千个有，落难之中无一人。（《济公全传》）

君子之交淡如水

释义

君子之间的交往像水一般纯正、淡泊。指品德高尚的人之间的交往看重的不是表面化的修饰，而是实际行动。

例句

几十年未曾谋面，今日一见，我们还是感到分外亲切，"君子之交淡如水"，我知道这份友情是经得起任何考验的！

宁愿挨一刀，不和秦桧交

释义

指宁死不与阴险小人打交道。

例句

同事小王心术不正，经常挑拨离间，"宁愿挨一刀，不和秦桧交"，所以我一直和他保持距离。

千金易得，知音难求

释义

知音：知心的朋友。指钱财容易得到，知己却不容易得到。

> **例句**
> 你我果然不谋而合，真是英雄所见略同。常言道，千金易得，知音难求呵！（房群等《剑与屠》）

弹琴知音，谈话知心

> **释义**
> 说明朋友之间的交往是心灵的沟通。

> **例句**
> 阿姨说："你最近好像很不开心，常言道，弹琴知音，谈话知心，有什么事说出来，也许我可以帮你。"

相逢知己话偏长

> **释义**
> 指知心朋友相见，就觉得有说不完的话。

> **例句**
> 我与霞谈了一宿，仍意犹未尽，真是"相逢知己话偏长"呐！

人心换人心，八两换半斤

释义 八两：旧制八两等于半斤。强调与人相处要以诚相待。

例句 俗话说，两好并一好，你对她好点，她就会对你更好，人心换人心，八两换半斤嘛。

浇花浇根，交友交心

释义 指结交朋友要以诚相待，推心置腹。

例句 你以为请朋友吃顿饭，为朋友花些钱就能交到真正的朋友吗？要记住："浇花浇根，交友交心"。

河水有清有浑，朋友有假有真

释义 强调交朋友要慎重，不可轻易相信别人。

例句 河水有清有浑，朋友有假有真，这么多人当中，我把小燕始终视为我的知己。

非亲有义须当敬，是友无情不可交

释义 不是亲戚，只要有情有义就值得敬重；再好的朋友，只要无情无义就不要交往。

例句 去年，她的婚礼我都参加了，可她却始终对我那么冷淡，常言道，非亲有义须当敬，是友无情不可交。唉！这样的朋友，忘了也罢。

多一个朋友多一条路，多一个仇人多一堵墙

释义 旧指朋友多了门路多，仇人多了门路窄。告诫人们要多交朋友，少结冤仇。

例句 多一个朋友多一条路，多一个仇人多一堵墙，年轻人要以仁义之心去交友，莫以险恶之心做事。

交友交义不交财，择友择智不择貌

释义 指结交朋友，要重义轻财，不可以貌取人。也作

"交义不交财,交财两不来"。

例句

不要因为她长得丑就疏远人家,交友交义不交财,择友择智不择貌,她的成绩可是全班第一呀!

结交要像长流水,莫学杨柳一时青

释义

指真正的友谊不是短暂的,需要长时间的了解和接触。

例句

真正的友谊一定要经得起时间的考验、岁月的洗礼,所以结交要像长流水,莫学杨柳一时青。

路遥知马力,日久见人心

释义

欲知马力,需经长途跋涉;要知他人品质,需长时间相处。

例句

真是路遥知马力,日久见人心!过去算我瞎了眼,没看出你是这种人!(雪克《战斗的青春》)

四海之内皆兄弟

释义 指把天底下的人都要当做自己的兄弟。

例句 方心正："我不去吧，咱们素不相识！"周明远："难道你们不饿？四海之内皆兄弟也！"（老舍《面子问题》）

人心齐，泰山移

释义 只要大家齐心协力，连泰山也能移走。也作"团结就是力量"。

例句 人心齐，泰山移。一场突击抢修水利的行动，表现了云山农民兄弟团结合作、共同战斗的革命气势。

人多力量大，柴多火焰高

释义 大家团结起来就能产生巨大的力量，就像柴多燃烧起来火焰就高。

例句

祝永康："只有组织起来，我们才有力量抗拒一切灾害，改造自然环境，创造新的世界。"何老九在旁称赞道："老祝正好说到俺心里来了。不是有句话吗，'人多力量大，柴多火焰高'。"（陈登科《风雷》一部二四章）

一个篱笆三个桩，一个好汉三个帮

释义

一个篱笆有三个桩子才能立起来，一个好汉要有三个人帮助才能做成事情。比喻本事大的人也需要别人的帮助。

例句

一个篱笆三个桩，一个好汉三个帮，只要大家齐心，天塌下来也不怕。

雪前送炭好，雨后送伞迟

释义

指别人需要帮助时，应及时伸出援助之手。

例句

雪前送炭好，雨后送伞迟。他家遭灾了，我们这时不帮，更待何时？

树直用处多，人直朋友多

释义 树木笔直，用途广泛；为人正直，能交到很多朋友。

例句 鹏鹏心直口快，心地善良，我们都乐意与他为友，真是"树直用处多，人直朋友多"。

人要长交，账要短结

释义 指朋友之间的交往，时间越长，友谊越深；账目要及时清算，时间越短，问题越少。

例句 常言道，人要长交，账要短结。我与同学们好久没联系了，一定疏远了很多。

三人一条心，黄土变成金

释义 三：概数，形容多。只要众人一条心，黄土也能变成黄金。指万众一心就能产生无穷的力量，创造奇迹。

例句

队长说:"三人一条心,黄土变成金,大家齐心协力,一定会攻克一切难关。"

天时不如地利,地利不如人和

释义

天时:气候条件。地利:地理的优势。人和:上下团结。强调人们互相团结的力量是巨大的。

例句

天时不如地利,地利不如人和,一个国家要想国泰民安,必须顺应民心。

千里送鹅毛,礼轻情意重

释义

礼物虽然微小,却代表彼此的深情厚谊。说明人与人之间的情谊不能用物质的多少来衡量。

例句

千里送鹅毛,礼轻情意重,我一定珍惜你送我的这份礼物。

谚语故事

不为五斗米折腰

陶渊明是东晋时期著名的文学家,他的诗文非常有名。因为他蔑视功名富贵,不肯趋炎附势,所以权贵们都不喜欢他。

陶渊明曾经在彭泽做过县令。彭泽是个小地方,所以陶渊明每个月的俸禄只有五斗米。生活虽然很苦,但他并不在乎,一心想为老百姓多做点好事。

他刚刚上任两个月的时候,有一天县里的小官跑来报告:"太守派督邮(一种官

名)来我们这儿巡察,您赶快换上官服去迎接吧。"

陶渊明正直清廉,最恨拍马屁那一套,他很不耐烦地说:"巡察就巡察,干什么还要迎接?"

小官连忙向他解释:"大人您不知道,这位督邮老爷专门检察各县官员的过失,他又是太守的亲信,可得罪不得。他最喜欢讲排场,如果接待得稍微有一点儿不周到,他就不高兴。您刚到我们这儿来,不招待好他,恐怕对您没有什么好处!"

陶渊明听了非常生气地说:"我最讨厌这种讲排场的人,我不能为了区区五斗米就低声下气地向他弯腰低头,失去人格!"说完,他当天就交出知县的官印,摘下乌纱帽,直接回家了。

陶渊明"不为五斗米折腰"的故事,成了刚直不阿、不趋炎附势的写照。在日常生活中,如果一个人不愿意牺牲自己的气节去换取某种物质利益,也常常说"不为五斗米折腰"

谚语集锦

在胜利之后,也要拉紧盔甲的带子

释义 指居安思危,不要因眼前的胜利而掉以轻心。

例句 司令员说:"同志们,我们在胜利之后,也要拉紧盔甲的带子,切不可轻敌啊!"

人无远虑,必有近忧

释义 做人要有远见,如果没有长远周到的考虑,忧患很快就会到来。指人要考虑得长远一些。

例句 "人无远虑,必有近忧。"这句古老的谚语充满了先人的智慧,它告诫我们要未雨绸缪,不要只看眼前的事物,而忘却了人之所以积极奋斗的远景期待。

今日要想明日事，春暖要想冬日寒

释义 指做事要做长远打算，不应仅仅停留在现在的生活状态之中。

例句 在夏天时，妈妈就把棉衣做好了，她说："今日要想明日事，春暖要想冬日寒"。她常以此教育我们要高瞻远瞩。

闲时做来急时用，渴了挖井不现成

释义 平日里就要为将来作准备，等到口渴时才想到去挖井已经太晚了。比喻做事应深谋远虑。

例句 家乡的妇女冬天也都不闲着，有的修补家里的农具，有的缝一些衣服，因为她们都明白"闲时做来急时用，渴了挖井不现成"的道理。

退一步想,过十年看

释义 比喻做事要留有余地,要用豁达的胸襟和长远的眼光去看待事物。

例句 把心胸放开阔些,退一步想,过十年看,有什么值得你如此耿耿于怀呢?

老鼠眼睛寸寸光

释义 比喻目光短浅,眼界不开阔。

例句 你们真是老鼠眼睛寸寸光了,怎么身上穿得褴褛一点儿,就定是个白日闯呢?(王浚卿《冷眼观》)

竭泽而渔,日后没鱼

释义 指一次把鱼捕尽,日后再也捕不到鱼了。强调做事应长远打算。

例句

常言道:"竭泽而渔,日后没鱼。"凡事不要做绝了,要留有一定的余地。与人方便,与己方便。

时时向前想,事事向前看

释义

强调做事不要只顾着眼前,应做长远打算。

例句

妈妈经常教育我们:"凡事一定要想得开一些,应时时向前想,事事向前看,只有这样,明天的太阳才是属于你的!"

不知道明天干什么的人,是不幸的人

释义

指没有明确目标、缺乏远见的人不会有所作为。

例句

不知道明天干什么的人,是不幸的人。村里的几个光棍儿整日地闲逛,真是枉费一生光阴。

山水未来先筑堤，未到河边先脱靴

释义

事先把堤岸筑好以防洪水侵袭；快到河边时就要把靴子脱掉以防被水打湿。比喻做事之前要准备好一切防范措施。

例句

俗话说："山水未来先筑堤，未到河边先脱靴。"我们这儿安装了山洪报警器，在山洪暴发之前，百姓们早已安全转移了。

旧的不去，新的不来

释义

指旧的东西不去掉，永远也不会有新的东西来临。

例句

我早就知道围墙要倒，只是由于经费有限，才没有拆掉重修。现在果然倒了，也好，"旧的不去，新的不来"。

耳闻不如目睹，目睹不如身受

释义 睹：看见。身受：亲身经历。指听到的不如亲眼见到的可靠，亲眼见的又不如亲身经历的感受深。

例句 我的确有这样的体会：耳闻不如目睹，目睹不如身受。(巴金《谈〈四号病室〉》)

好话说上千千万，不如实事办一件

释义 好听的话说得再多，也不如办一件实事。指贵在实干。

例句 当领导的要想办法，给贫困地区的群众引出致富的路才行。常言道："好话说上千千万，不如实事办一件。"

美德篇

谚语故事

绳锯木断，水滴石穿

从前有个叫张乖崖的人，在钱阳担任县令。当时，社会上存有军卒凌辱将帅、小吏侵犯长官的现象。张乖崖认为这是一个反常的现象，就想找个机会严惩这种行为。有一天，张乖崖在衙门周围巡查时，忽然看见一个小官吏偷

偷地从府库里溜出来，慌里慌张的。他觉得可疑，就把这个小官吏叫住。这时，他发现小官的旁头巾上藏着一枚钱币。经过追问，小官吏看搪塞不过，就交代了实情。原来，这个小官吏看没人注意，就钻进官库里偷了一枚铜钱。

张乖崖将小官吏押回大堂，下令拷打。小官吏十分不服，仰起脖子怒气冲冲地说："不就是一枚钱币吗？你能把我怎么样？最多你也只能把我打一顿，难道还能杀了我不成！"

张乖崖听后非常气愤，他想起这个小官吏平时的小偷小盗，经过思索，写下了判词：一日偷一钱，千日偷千钱，时间长了，绳子能锯断木头，水能滴穿石头。你偷一钱便有偷千钱的嫌疑。判决完毕，张乖崖把笔一扔，手提宝剑，当堂亲自斩了这个小官吏。

后来，人们就用"绳锯木断，水滴石穿"来比喻只要有恒心、坚持不懈，肯定能把事情办成。

天地为大，亲师为尊

释义 指世间最大的是天地，最应该尊敬的是父母和师长。

例句 "天地为大，亲师为尊"，在我心目中，老师和父母是一样可亲可爱可敬的。

徒弟学问靠老师，灯的明亮靠灯油

释义 指青少年学习知识主要靠老师引导，才能学多、学精。

例句 父亲紧握王老师的手，说："老师，常言道：徒弟学问靠老师，灯的明亮靠灯油。俺家孩子就交给您了，您多费心了。"

爱徒如子，尊师如父

释义

爱护徒弟像爱护自己的晚辈一样，尊重师傅像尊重自己的父辈一样。

例句

读书人理应懂得"爱徒如子，尊师如父"的道理，你怎么能对老师如此不敬？

成就是谦虚者前进的阶梯，也是骄傲者后退的滑梯

释义

有了成就之后，谦虚的人继续前行，不断进取；骄傲的人只会安于现状，止步不前。

例句

公司有了现在的基业很不容易，"成就是谦虚者前进的阶梯，也是骄傲者后退的滑梯"，作为领导不仅要守住现有成果，还要大胆创新，再创辉煌。

要有天大的智慧，不要有黄豆大的骄傲

释义

指智慧多多益善，而一点点的骄傲也是不可取的。

例句

俗话说："要有天大的智慧，不要有黄豆大的骄傲。"希望每一个人都远离骄傲。

自满是求知的拦路虎，自谦是智慧的引路人

释义

指骄傲自满容易使人因满足而停止不前，谦虚却会让人们获得更多的智慧。

例句

"自满是求知的拦路虎，自谦是智慧的引路人"，张家的三个孩子个个成绩顶呱呱，更可贵的是他们都谦虚好学，将来一定会成为学识渊博之人。

饭焦没人吃，人骄没人爱

释义

烧焦的饭无人爱吃，骄傲的人不会讨人喜欢。

例句

在同学面前，小胖子凭着家里有钱和家人对他的宠爱，总是一副不可一世的样子，俗话说，饭焦没人吃，人骄没人爱，所以没人喜欢和他交朋友。

趾高气扬的人，双脚会落进陷阱

释义

趾高气扬：高高举步，自高自大的样子。指狂妄的人一定会因为骄傲自大而失败。

例句

他总是自视清高，以为自己比谁都强，常言道，趾高气扬的人，双脚会落进陷阱，不信走着瞧，他一定会惨败的。

火要空心，人要虚心

释义

火要空心才能燃烧得旺，虚心的人才能获得更多的知识。

例句

他用火钳在灶孔里弄几下，火就熊熊地燃了起来。他放下火钳得意地对我说："你记住，火要空心，人要虚心。"（巴金《我的几个先生》）

低头的庄稼穗大，仰头的庄稼穗小

释义 比喻有本事的人是谦虚恭谨的，高傲自大的人则没有真正的才能。

例句 她们只取得一丁点成绩就四处炫耀，低头的庄稼穗大，仰头的庄稼穗小，这下不难看出哪些是真正有本事的人了吧？

骄傲跌在门前，谦虚走遍天下

释义 指骄傲的人很难做成大事，谦虚的人前途远大。

例句 骄傲跌在门前，谦虚走遍天下，这只是一次小小的胜利，往后路还长着呢，不要高兴得太早！

满瓶不响，半瓶晃荡

释义 比喻真正有学识的人是不声不响的，而那些学识浅薄的人总爱炫耀自己。

例句

中国有句话:"满瓶不响,半瓶晃荡。"越是那些才疏学浅的人越以为自己了不起。

一日省一口,三年凑成几百斗

释义

斗:容量单位,10升等于1斗。指每天节约一点粮食,时间久了,数量可观。

例句

爷爷瞅着饭桌上白花花的米饭,意味深长地说:"俗话说'一日省一口,三年凑成几百斗',长此以往有多少粮食被浪费了,你们想过吗?"

一日节省一根线,三月就能把牛栓

释义

指每日节约的虽少,但日积月累,就能积少聚多。

例句

哥哥、姐姐上学花费越来越多,父母常说:"一日节省一根线,三月就能把牛栓,只要我们大家省吃俭用一阵子,就一定能供他们上完大学。"

冬不节约春要愁,夏不劳动秋无收

释义 强调平日要注重勤俭节约,只有付出艰辛的劳动才可品味丰收的喜悦。

例句 别玩游戏了,再过一个月就中考了,冬不节约春要愁,夏不劳动秋无收,当心落榜噢!

要学细水长流,莫学暴洪滴山

释义 暴洪:暴发的山洪,来势很猛,落得也很快。比喻在勤奋节约方面不要忽冷忽热,要坚持不懈。

例句 要学细水长流,莫学暴洪滴山,学习一定要有持之以恒的决心,不能光凭三分钟热度。

节约就是大收成

释义 收成:指庄稼、蔬菜、果品等收获的成绩。指平时节俭数量很小,但日积月累,数量会很大,也好比是大收成。

例句 婶子经常买中等价位的大米，节约就是大收成，她能省下不少钱哩！

大吃大喝一时香，细水长流日子长

释义 指居家过日子不要只顾眼前，肆意浪费；要懂得勤俭节约，细水长流。

例句 邻居家里一有钱就大鱼大肉，没钱的时候便吃糠咽菜，他们竟不知"大吃大喝一时香，细水长流日子长"。

不算账不明，不计划不行

释义 指账目不算不明白，做事无计划，难以成功。

例句 不算账不明，不计划不行，干任何事都要做到心中有数，有计划地进行。

学问勤中得,富裕俭中来

释义 只有勤奋学习才能获得知识,日常生活的勤俭节约才能换来富裕的生活。

例句 自古"学问勤中得,富裕俭中来",你这样吊儿郎当,成天东逛西逛能考上大学吗?

新三年,旧三年,缝缝补补又三年

释义 一件衣服要穿很多年,形容穿着极度的俭朴。

例句 穷人过日子,要会打算。哪个庄稼人穿衣裳不是新三年,旧三年,缝缝补补又三年。(萧红《高粱红了》)

当用花万金不惜,不当用一文不费

释义 指把钱花在该花的地方不吝惜,不该花的时候一分钱也不能浪费。

例句

二婶平时省吃俭用，从不乱花钱，有人因此说她很小气，但实际上她是"当用花万金不惜，不当用一文不费"，她家的房舍、家具在全镇都首屈一指。

囊中未空先节约

释义

囊：口袋。指生活宽裕时也要重视节俭。

例句

我们过日子一定要懂得"囊中未空先节约"，否则万一遇到困难，一点儿积蓄也没有，怎么办呢？

败家子，钱如草

释义

指不珍惜钱财的人，不会过上富裕生活。

例句

弟弟一个月的花费将近千元，妈妈教育他道："儿子，'败家子，钱如草'，你一定不要浪费钱财。你可是家中的希望啊！"

成败篇

谚语故事

多行不义必自毙
duō xíng bú yì bì zì bì

春秋初,郑武公的夫人姜氏生了两个儿子,大的叫寤生(倒着出生叫寤生),小的叫共叔段。由于寤生是倒着出生的,当时姜氏很痛苦,她不喜欢大儿子寤生,只宠爱小儿子共叔段。

郑武公死后,寤生继承王位,就是郑庄公。他的母亲姜氏怕他的弟弟吃亏,就要求庄公把制邑(在今河南荥阳境内)封给共叔段,郑庄公没有答应。姜氏又要求把京城(今河南荥阳境内)封给共叔段。因为这一要求也超出了当时的礼制规定,郑庄公还是不同意。姜氏见庄公一再拒绝自己的要求,就非常生气。郑庄公没有办法,只好答应了。

共叔段到了京城后,倚仗着母亲的支持,就私自招兵买马,暗中训练军队,屯积粮草,想等待机会下手,夺取哥哥的王位。

消息传到了国都,大臣祭仲等人很替郑庄公担忧,劝郑庄公趁早作打算,教训一下共叔段。郑庄公说:"坏事干得多了,必定会自取灭亡,你们就等着瞧吧!"

后来,共叔段果然趁郑庄公去洛阳朝见周天子时,由母亲作内应,发动了叛乱。但郑庄公早有准备,朝见周天子也只是个幌子,他很快就带领人马杀了回来,击败了共叔段,共叔段只好自杀了。

"多行不义必自毙",比喻坏事干尽,必将自取灭亡。

失之东隅，收之桑榆

释义 东隅：日出的地方，借指清晨。桑榆：落日的余晖照在桑榆树梢，借指黄昏。早上失去了，晚上又补回来。比喻开始虽然失败了，但最终将取得成功。

例句 看着失而复得的重要材料，他长吁了一口气："失之东隅，收之桑榆，我心里的石头落地了！"

水中捞月一场空

释义 比喻做事情应符合实际，否则会白白浪费精力，一无所获。

例句 通讯员报告："鬼子是水中捞月一场空，什么线索也没找到，乡亲们早从地道安全转移了"。

没有过不去的火焰山

释义

指无论遇到多大的困难，都能战胜。也指做事有坚定的信心，便可取得胜利。

例句

"俗话说：'没有过不去的火焰山'，一切都会过去的，不要太难过。"朋友安慰我。

贪小便宜吃大亏

释义

指为了区区小利而损失重大。

例句

俗话说："贪小便宜吃大亏。"做事不能只看眼前的小利益，要做长远打算。

丢了西瓜，捡了芝麻

释义

只注重小事情却忽略了大事情。比喻因小失大，得不偿失。

例句

小刘竟然为了一件小事而与同事大打出手，致使自己骨折，真是"丢了西瓜，捡了芝麻"。

安危相易，福祸相生

释义

易：改变。生：滋生。指安与危、福与祸有时会相互转化。

例句

人常说："安危相易，福祸相生。"这次我们虽然打了胜仗，但不能放松警惕。

吃一堑，长一智

释义

一次挫折，就会从中吸取一次经验教训。

例句

人们总是从一次次的错误中增长见识，正是"吃一堑，长一智"。

放长线钓大鱼

释义 比喻做事早做打算,从长计议,才有更大效益。

例句 邓秀梅低声地、机密地说道:"我们不妨看看他们如何活动,放长线钓大鱼,说不定深水里还有大家伙。"(周立波《山乡巨变》)

一失足成千古恨,再回头是百年身

释义 百年:死的委婉说法。一旦酿成大错就会遗恨终生,到死都无法弥补。

例句 项羽一世英名,却落得个自刎的下场,真是"一失足成千古恨,再回头是百年身"!

自家掘坑自家埋

释义 比喻自己犯下的错,后果自己负责。即自食其果。

例句 猎人为了捕猎挖了陷阱，没想到自家的一头牛陷了进去，真可谓"自家掘坑自家埋"啊！

成事不足，败事有余

释义 事情不但没做好，反而弄得更糟。

例句 我们已经无家可归啦，还怕啥？不过千万不要成事不足，败事有余呀！（王林《叱咤风云》）

吃得苦中苦，方为人上人

释义 只有能吃苦的人，才干和见识才会与众不同。

例句 你年纪轻轻的，要能吃大苦、耐大劳。难道没听说过"吃得苦中苦，方为人上人"吗？

不以成败论英雄

释义 不把成功和失败作为评价一个人的唯一标准。

例句

我从来都"不以成败论英雄",你虽然没有得冠军,但是比赛时的镇静与豪气,让我佩服不已。

失之毫厘,谬以千里

释义

比喻因一点点差错,最后铸成大错。

例句

"千里之行,始于足下",在开始的时候,就得有个盘算,才不致"失之毫厘,谬以千里"。(陶铸《理想·情操·精神生活》)

人非圣贤,孰能无过

释义

意思是说人人都不是圣人,谁都有犯错的时候。

例句

常言道,人非圣贤,孰能无过。年轻时,一时把持不住自己也是有的。(王占君《大漠恩仇》)

机不可失，失不再来

释义 机会一旦来了，就要好好儿珍惜，万一失去就再也回不来了。

例句 俗话说："机不可失，失不再来"，我们要抓住现在的有利时机，大干一场。

人不走运，喝口凉水都塞牙

释义 人在失意时，做什么事都不如意、不顺心。

例句 可是鱼鲜有什么用呢？干瞪眼没人要。人不走运，喝口凉水都塞牙，能有什么法子？

上天无路，入地无门

释义 比喻所处环境极其恶劣，无路可走。

例句 你现在到了"上天无路，入地无门"的境地了，赶快束手就擒吧!

路是人开的,树是人栽的

释义 比喻事情的成败是由人本身决定的。也比喻成事在人。

例句 眼前是困难,咱们要克服,搞好生产。政府会支援我们的。路是人开的,树是人栽的。只要咱们不被大水吓倒,还是可以搞好生产,增加收入的。(李尔重《战洪水》)

自古雄才多磨难

释义 意思是说只有经过许多困难的磨炼,才可能成为雄才大略的英雄人物。

例句 自古雄才多磨难,想成就一番大业,不吃点儿苦怎么能行?

爱国篇

谚语故事

豹死留皮，人死留名

五代时期，后唐攻打后梁，兵临城下。后梁危在旦夕，后梁皇帝临时授命王彦章出城退敌。王彦章手下只有一百多人的士兵，显然不是后唐兵的对手。战斗不久，只剩下王彦章一人还在跃马挥戈，奋勇杀敌。他身上已有多处受伤，鲜血染红了战袍，但他仍然毫不退缩，愈战愈猛。后唐将军夏鲁奇喊了一声他的名字。王彦章听到有人

喊他，顿时一愣，被敌人刺中胸膛，当即滚下马背，不幸被俘。

夏鲁奇一向敬重王彦章，多次劝他投降，但都遭到拒绝。王彦章虽然是武士，不认识几个字，但他却说："'豹死留皮，人死留名'。我不能做没气节的事！"

后唐皇帝庄宗李存勖见到王彦章，对他说："你经常把我当成小孩子来轻看，今日还不服气吗？"王彦章没有说话。李存勖知道王彦章勇武善战，想让他为自己效力。于是命人用话试探他，王彦章说："我出身平民，在本朝屡受提拔重用，而且和你们对峙作战达十五年之久，今天兵败被俘，死也很正常。皇帝（指李存勖）纵然看重我，宽恕我，哪有为臣为将的早上侍奉梁，晚上改换门庭侍奉起唐的道理？要是投降了，我还有何面目见人？"

"豹死留皮，人死留名"告诉我们，人要凭美名流传后世。

谚语集锦

安不可忘危,治不可忘乱

释义 指国泰民安时不要忘记曾经存在的危险,国家治理好了也不要忘记还可能出现战乱。

例句 虽然现在我们欣逢盛世,但要记住"安不可忘危,治不可忘乱",千万不可放松警惕。

安乐须防患难时

释义 指在安宁平静的日子里,需要防备意外之事。告诫人们在顺境中也要以防不测。

例句 天有不测风云,"安乐须防患难时",此乃明智之举。

不怕头断身裂，爱国志坚如铁

释义

强调爱国之心如钢铁般坚固，为了祖国的利益不惜牺牲自己的性命。

例句

无数革命烈士做到了"不怕头断身裂，爱国志坚如铁"，他（她）们将永垂不朽。

存不忘亡，安不忘危

释义

生存时不忘死亡，安定时不忘灾难。告诫人们，太平盛世也要防备不测风云。

例句

大到一个国家，小到一个家庭，都应懂得"存不忘亡，安不忘危"，防患于未然。

得人心者得天下

释义

指做事只有赢得民心，才能获得成功。

例句 俗话说得好:"得人心者得天下。"你在处理这件事时,一定要顺乎民心。(王朝柱《龙云和蒋介石》)

得贤者昌,失贤者亡

释义 指能得到贤人的辅佐,国家必定繁荣昌盛;反之,国家就会逐渐衰亡。

例句 周瑜说:"自古'得贤者昌,失贤者亡'。当今之计,须求高明远见为辅,才可定江东。"

国正人心顺,官清民自安

释义 国家执法严明,才能顺应民心;为官清正廉洁,老百姓才能安居乐业。

例句 御史钦差正襟危坐:"'国正人心顺,官清民自安',你管辖的范围内,百姓叫苦连天,你这个官是怎么当的?"县官听了双腿直发抖。

家不和要败，国不和要亡

释义 指家庭不和睦就不会兴旺，国家不太平就要灭亡。

例句 人们常说："家不和要败，国不和要亡。"我们夫妻二人应互相理解，同舟共济。

家贫出孝子，国乱显忠臣

释义 指孝顺的子女多半生于贫穷家庭；只有国难当头时，才能看出谁是忠臣。

例句 自古以来，国家有难时，总有一些仁人志士站出来保家卫国，"家贫出孝子，国乱显忠臣"一点儿不假。

家庭篇

谚语故事

巧妇难为无米之炊

晏景初是宋朝的一位尚书。有一次,他外出办事回来得晚了,正好路过一座寺庙,他心想,不如先到寺庙借宿一夜,等到天亮了再赶路。这座寺庙的外观很是破旧,里面依稀闪烁着几点烛光。

晏景初举手敲响了庙门,不久一个小沙弥探出头来。小沙弥见来了一位官员打扮的人,急忙转身向大堂跑去。晏景初很是诧异,不知怎么回事,于是他就随着这个小沙弥进了寺庙,这时见一位白发苍苍的老和尚缓慢地走出大堂。

晏景初向老和尚说明了来意,以为老和尚一定会毫不犹豫地答应留他一晚,可没想到,老和尚却一脸为难地说:"很抱歉,本寺生活穷困,设施简陋,实在不便留宿。"晏景初一听,不满地说:"作为一庙主持,断不应该把寺庙弄得一无所有。"

老和尚很不高兴地回敬晏景初道:"没有面,就是再能干的媳妇也做不出汤饼来呀。"晏景初一听,更是不甘示弱,他讥讽说:"如果有面,就是再笨的媳妇也能做出来呀。"老和尚无言以对,只好面露愧色,悄悄地退回了大堂。

后来,"巧妇难为无米之炊",指再能干的人,没有必要的物质条件,也难办成事。

128

家家都有一本难念的经

释义 指各个家庭都有难处，只是程度不同而已。

例句 家家都有一本难念的经。哭声，又是谁家的哭声，随着秋风，伴着败叶，悲悲戚戚地传来。(《二十年目睹之怪现状》八七回)

家和万事兴

释义 指一家人和和气气，家庭一定兴盛，所有的事情在大家共同努力下很快迎刃而解。

例句 大凡一家人家，过日子，总得要和和气气。从来说："家和万事兴。"(《二十年目睹之怪现状》八七回)

家不和，被人欺

释义 指家庭内部不和睦，会受到外人的欺负。

例句 古语说："家不和，被人欺。"我俩应是同舟共济。（陈登科《淮河边上的儿女》八）

父债子还

释义 父亲欠下的债务，理应由儿子偿还。

例句 娘娘道："你既是他的儿子，俗话说'父债子还'，却也饶你不得。"（《后西游记》）

知子莫若母

释义 最了解子女的人是母亲。

例句 知子莫若母，老七的形迹，你老人家也未尝不看了一些出来。（张恨水《金粉世家》）

兄弟如同手足

释义 兄弟就像手和脚一样是分不开的。形容感情特别亲密融洽。

例句 兄弟如同手足,让我亲手杀死二弟,我怎能下得了手?

当家才知柴米价,养子方晓父母恩

释义 没有亲自持家,不知道生活的艰辛;只有自己生养了子女,才能体会父母对子女的感情。凡事只有经过自己的亲身体验,才能懂得其中的酸甜苦辣。

例句 丁一意味深长地对他的儿子说道:"你现在还不理解爸爸妈妈的苦心,等你做了爸爸后就会明白。俗话说得好'当家才知柴米价,养子方晓父母恩'啊!"

人行千里，处处为家

释义 出门在外的游子，在哪儿落脚，就把哪儿当成自己的家。

例句 老人道："说哪里话头！你们又不是坏人，还怕进老百姓的屋子？俗话说'人行千里，处处为家'嘛，甭客气，请屋里坐！"（王厚选《古城青史》一二回）

打在儿身，疼在娘心

释义 子女遭受不幸，最伤心的是父母。

例句 听着"啪，啪，啪……"的一阵耳光声，母亲已是泣不成声，打在儿身，疼在娘心呀！父亲见状也不忍心打下去了。

国有国法，家有家规

释义 每个国家都有法律制度，每个家庭都有各自的管理方法。

> **例句**

妈妈对李刚说道："'国有国法，家有家规'，你可别忘了每天看电视不许超过一小时的。"

马依恋故群，人怀念乡亲

> **释义**

马总是依恋原来的群体，人总是觉得家乡的亲人和朋友最亲。

> **例句**

也许是马依恋故群，人怀念乡亲吧！妈妈经常梦见她和家乡的婶子、大娘们一起谈笑。

坐饮家乡水也甜

> **释义**

人对家乡怀有深厚的感情，觉得家乡的一切都是最好的。

> **例句**

回到久违的家乡，虽然没有高楼大厦，但一砖一瓦、一草一木都是那么亲切，真是坐饮家乡水也甜呐！

倦鸟思林，人老思家

释义 人年纪大了就更加依恋故乡和家园，就像飞倦的鸟儿思念自己曾经栖息的树林一样。

例句 满头银发的王教授放弃了海外的优越条件，毅然回到了祖国。倦鸟思林，人老思家，落叶总要归根的！

父子不和家不旺，邻里不和是非多

释义 一家人不和睦家庭难以兴盛，邻居之间不和睦会生出许多是非。

例句 众乡亲都劝爷爷："您老就别和儿子怄气了，父子不和家不旺，邻里不和是非多，一切以和为贵嘛。"

父不记子过

释义 指父母不把子女的过错放在心上。

例句 爸爸认真地说："只要你能谨记教诲，重新做人就好了，父不记子过，你以后还是爸的好儿子。"

一家安乐值千金

释义 全家人平安快乐地生活，是最难能可贵的。

例句 莫道荣华富贵，升官发财，一家安乐值千金。只要能与全家人在一起幸福地生活，比什么都强。

父母是孩子的镜子

释义 指父母的一言一行时刻影响着孩子。

例句 父母是孩子的镜子，你这样嗜酒如命，烂醉如泥，不怕对孩子造成恶劣的影响吗？

藕发莲生，十指连心

释义 藕发比喻父母，莲比喻子女。指父母和子女之间的感情是最深的。

例句

两位老人家,人们说:"藕发莲生,十指连心。"儿女都是父母心上的肉啊!(甫澜涛《风雪察哈尔》二十)

男儿当自强

释义

指男子汉应当自强自立。

例句

早上,妈妈要为小明系鞋带,这时,五岁的小明说:"我要自己系,男儿当自强嘛。"这一句话,把妈妈给逗乐了。

巧妇难为无米之炊

释义

为:做。炊:烧火做饭。再巧的媳妇,没有米也烧不成饭。指不具备基本条件,再聪明能干的人也难办成事。

例句

什么是苦呢?院里设备不全,药品不全,巧妇难为无米之炊,这便是苦。(茅盾《锻炼》二三)

生活篇

谚语故事

劝君莫做守财奴，死去何曾带一文

《儒林外史》是我国清代吴敬梓的作品，是一部长篇小说。其中有个叫严监生的人，他得了重病，一日重似一日，吃了药也毫无起色。大家都来问候，五个侄子穿梭着过来陪郎中弄药。到中秋以后，郎中都不下药了。严家的人把严监生的亲戚都叫了过来。

晚上，挤了一屋子的人，桌

上点着一盏灯。严监生喉咙里，痰响得一进一出，一声接着一声，却总是没有断气，还伸着两个手指头。

大侄子上前问道："二叔！你是不是还有两个亲人没有见面？"他就把头摇了两三摇。

二侄子走上前："二叔！是不是还有两笔银子在哪里没有吩咐明白？"他把两眼睁得溜圆，把头又狠狠地摇了几摇，手指越发指得紧了。

他老婆慌忙擦了眼泪，说："我知道你的意思，你是为那盏灯里，点了两根灯草，不放心，怕浪费油。我现在挑掉一根就是了。"说完，她忙走去挑掉一根灯草。

大家再看严监生，他已经断气了。

这是一个典型的守财奴形象，作者写这个故事是要告诉人们：人活一世不要过于吝啬，以至成为金钱的奴隶，离开人世时连一文钱也带不走。

一带当三衣

释义 指腰上系根带子,使身体的温度散失减缓,等于加上三件单衣。

例句 我看上这件风衣完全是因为它有一条既漂亮又实用的腰带。俗话说,一带当三衣,冬天穿起来一定很暖和。

衣贵洁,不贵华

释义 华:华丽。指穿衣要讲究整洁,而不在于它是否华贵。

例句 我上学时总要与同学比谁的衣服高档、漂亮,老师经常语重心长地教导我:"衣贵洁,不贵华,心灵美才是真的美。"

饭食要吃暖,衣服要穿宽

释义 指吃饭要吃热的,衣服要穿宽松一点儿的,这样才有益身体健康。

例句 "饭食要吃暖,衣服要穿宽",这也是一个养生之道。

穿衣戴帽,各有所好

释义 指每个人的爱好和审美观点都不一样。也作"萝卜白菜,各有所爱"。

例句 "穿衣戴帽,各有所好"。有人爱钓鱼,有人爱下棋。(冯蜂鸣《团圆酒》)

衣不差寸,鞋不差分

释义 寸:旧制长度单位,十分等于一寸。指衣服的长短肥瘦不能有一寸之差,否则就会不合身;鞋子的大小不能因一分之差而不合脚。

例句 衣不差寸，鞋不差分，既然试着不大合适，就不要买了，再逛逛吧！

一生身体强，烟酒不要尝

释义 人们要想保持身体健康，就不要尝试抽烟喝酒，一旦沾染上抽烟喝酒的恶习，就会伤害身体。

例句 "一生身体强，烟酒不要尝"，亲爱的朋友们，赶紧戒掉抽烟、喝酒的坏习惯吧！

戒酒戒头一盅，戒烟戒头一口

释义 盅：没有把儿的杯子。指要想戒绝烟酒，关键在于第一次，只要坚持控制自己，就可以成功。也比喻万事开头难。

例句 虽说戒酒戒头一盅，戒烟戒头一口，但更重要的是有持之以恒的决心啊！

好茶一杯，精神百倍

释义 茶中含有能使人兴奋的物质，因而喝一杯好茶会使人精神振奋。

例句 我又犯困了，赶紧喝了一杯龙井茶，顿时头脑清醒了。真是"好茶一杯，精神百倍"。

茶水喝足，百病可除

释义 茶水中含有多种对人的身体健康有益的物质，多喝茶可以预防癌症、高血压等疾病，所以说经常喝茶可以除"百病"。

例句 "茶水喝足，百病可除"，老年人应经常多喝茶水，有益身体健康。

蔬菜是一宝，赛过灵芝草

释义 指多吃蔬菜有益身体健康。

例句 合理的膳食应该多吃各种有营养的蔬菜。"蔬菜是一宝,赛过灵芝草"嘛。

心急吃不了热豆腐

释义 比喻人做事过于急躁,导致事情办不好,达不到预期目的。

例句 主任对小李说道:"通过这件事,你从中要吸取教训。记住,心急吃不了热豆腐啊!"

宁吃仙桃一口,不吃烂杏一筐

释义 比喻宁可少而精,不要多而滥。

例句 用长材料写短篇并不吃亏,因为要从够写十几万字的事实中提出一段,当然是提出那最好的一段。这就是宁吃仙桃一口,不吃烂杏一筐了。(老舍《我怎样写短篇小说》)

吃尽味道盐好,走遍天下家好

释义 指不管走到哪里,还是自己母亲、家人对自己最好。

例句 家中没有山珍海味,没有灯红酒绿,没有高楼大厦……但那份温馨足以让我们陶醉,真是"吃尽味道盐好,走遍天下家好"!

抱着蜜糖罐,忘了黄连苦

释义 黄连:地下根茎含小檗碱、黄连碱的植物,味极苦,可做药。比喻人一时过上甜蜜的幸福生活,就忘记了过去艰苦的生活。一般用来批评那些发迹后忘本的人。

例句 你真是抱着蜜糖罐,忘了黄连苦,想当初他是怎样欺辱你的,现在他见你有用了,给你点儿好处,你就忘乎所以了。

包子有肉不在褶上

释义

褶：捏合包子时上面形成的褶皱。包子以肉、菜或糖做馅儿，收口时有褶，但是包子馅儿的好坏、肉多肉少，不表现在褶上。比喻一个人有没有知识、学问、才能以及财富，不表现在穿着、相貌和外表上。

例句

别看他一副穷酸样，家里可有钱了，这叫"包子有肉不在褶上"。

不吃辣椒不发烧

释义

辣椒中含有辣椒素，能刺激口腔、胃肠，产生火辣的感觉，可以使人满脸通红、出汗，像发烧一样。比喻一个人如果没有做亏心事，就不会脸红。

例句

不吃辣椒不发烧，既然你否认参与此事，那你为什么坐立不安，脸红了呢？

囫囵茄子不进油盐

释义 囫囵：整个儿、全部。茄子皮质地紧密又较厚，油盐不易进去。比喻性格倔强的人什么话也听不进去。

例句 这孩子脾气一上来简直就是"囫囵茄子不进油盐"，谁的话都听不进去。

火急，烙不好饼

释义 烙饼要用微火。比喻方法措施要适应客观事物的特点、性质，不要过于急躁，否则势必欲速则不达。也作"心急吃不了热豆腐"。

例句 火急，烙不好饼，等你气消了再去商量，我怕你现在去了反而坏事。

吃菜吃心，听话听音

释义 指听人讲话，要从说话人的语气、声调、措辞中体会他所指的真实含义。

例句 吃菜吃心,听话听音,半天你也没明白人家的意思吗?真够愚钝的。

好话要说在点子上,烤肉必须穿在签子上

释义 指说话做事要抓住要害,才能起到关键性作用。

例句 出事那天晚上,刘麻子到底去哪儿了?"好话要说在点子上,烤肉必须穿在签子上",要想赢这场官司,我们必须找到刘麻子在出事地点的证据。

三分吃药,七分调理

释义 治疗疾病时,更重要的在于调养身体。

例句 你是带病之身,不要熬夜了。三分吃药,七分调理,一定要注意生活细节。

夜饭少吃口，活到九十九

释义

晚饭要少吃，才有益健康。

例句

俗话说："夜饭少吃口，活到九十九。"每天晚上千万别吃太饱，否则有损健康。

天天吃醋，年年无灾

释义

醋有预防疾病的功效，每天喝一点儿有益身体健康。

例句

我每天吃醋是有原因的，常言道："天天吃醋，年年无灾。"我是为我的健康着想。

自然篇

谚语故事

民以食为天

在秦朝灭亡以后,刘邦与项羽就谁领导群雄展开了多年争战。战争开始时,刘邦处于劣势,彭城战役的失败使刘邦不得不退守荥阳、成皋,加上军粮不足,所以敖仓一战尤为重要。敖仓在荥阳西北,是秦朝时建的,里面储有大量的粮食。

项羽的猛攻,使荥阳岌岌可危。万般无奈之下,刘邦打算把成皋以东的地方割让给项羽,自己退守巩、洛一带。一方面可以缓口气,另一方

面能组织力量,再与楚军决战。

谋士郦食其权衡利弊后,认为刘邦那样做得不偿失,便劝谏刘邦说:"皇帝靠的是人民,而民以食为天,怎能把粮食拱手让人呢?"

刘邦听后沉思了片刻,觉得郦食其的话很有道理,忙问:"那么按照先生的高见,我们现在应该怎么做呢?"

郦食其说:"在这种情况下,千万不可退兵。大王只有组织力量,坚守荥阳,保住敖仓。这样使士兵们丰衣足食,才能振奋他们的精神,鼓舞士气,以保战争的胜利。"

刘邦最终采纳了郦食其的意见,坚守住了敖仓,果然取得了这次战役的胜利。

"民以食为天",说明了粮食对于民众的生活起着至关重要的作用。

西风吹得紧,东风来回敬

释义 指西风紧吹之后,就会转为东风。

例句 西北风呼呼地吹,不一会儿东风又开始刮起来,真应了那句"西风吹得紧,东风来回敬"。

朝霞不出门,晚霞行千里

释义 指早晨出现红霞,是当天有雨的征兆;傍晚出现红霞,是好天气的征兆,可以远行。

例句 傍晚,一群纳凉的人观看火烧云,不知是谁说了一句:"'朝霞不出门,晚霞行千里',明天是晴天啊!"

七月的天，孩子的脸

释义 七月的天气和孩子的情绪一样，变化很快。比喻天气变化无常。

例句 七月的天，孩子的脸，刚才还晴空万里，转眼间就乌云密布。

夜里星光明，明朝依旧晴

释义 朝：早上。夜里星光闪闪，表明第二天天气晴朗。

例句 美丽的夜空，繁星点点，"夜里星光明，明朝依旧晴"，想必明天是个好天气。

一场秋雨一场寒，十场秋雨要穿棉

释义 入秋，一场冷空气一场秋雨。几次秋雨过后，气温就更低了。

例句

窗外秋风萧瑟,秋雨绵绵,奶奶说道:"一场秋雨一场寒,十场秋雨要穿棉,孩子们一定要多穿点儿!"

燕子低飞天将雨

释义

指天气闷热,燕子飞得低,预示即将下雨。

例句

下雨前,空气又潮湿又闷热,燕子只好低飞,所以"燕子低飞天将雨"这句话说得很有道理。

蚂蚁搬家,有雨不差

释义

蚂蚁搬家是即将下雨的征兆。

例句

蚂蚁搬家,有雨不差,每次蚂蚁忙忙碌碌地搬家,总是会下雨。

麻雀虽小,五脏俱全

释义

五脏:指心、肝、脾、肺、肾五种器官。比喻事物虽小，但具有代表性。劝人不要忽略细节。

例句

你们别看我们那个生产组小，"麻雀虽小，五脏俱全"。（茹志鹃《如意》）

初生牛犊不怕虎

释义

牛犊：小牛。刚出生的小牛不知道老虎的威猛。比喻刚进入社会、阅历不深的年轻人想法简单，敢想敢做。也说"初生牛犊不畏虎"。

例句

"初生牛犊不怕虎"，万先廷就像一只这样的牛犊。他似乎永远不会感到自己会有难以逾越的困难。（陈立德《先驱》五）

只有冻死的苍蝇，没有累死的蜜蜂

释义

比喻懒汉容易被冻死，勤快的人永远都不会被累死。

例句

老大一辈子勤勤恳恳，有了积蓄，晚年幸福；老二游手好闲,老年穷困潦倒,身无分文。真是"只有冻死的苍蝇,没有累死的蜜蜂"。

龙生龙,凤生凤,老鼠生儿会打洞

释义 旧时比喻有什么样的父母就有什么样的子女。

例句 自古常说,龙生龙,凤生凤,老鼠生儿会打洞。没有好家道,还能出了好儿女?(刘江《太行风云》)

懒牛屎尿多,懒人明天多

释义 指懒惰的人办事不干脆、拖拖拉拉,总把当天能完成的事推到明天。

例句 自习课,老师检查家庭作业,李乐又没完成。老师问:"李乐,你什么时候把作业补齐呀?"李乐毫不思索就回答:"明天。"旁边的赵剑飞乐了:"懒牛屎尿多,懒人明天多,你都说了多少个明天了?"全班人哄堂大笑。

雁怕离群，人怕掉队

释义 指人们都担心因跟不上形势的发展而被社会淘汰。

例句 俗话说："雁怕离群，人怕掉队。"那种脱离集体的感觉，真难受。

贪食的鱼儿易上钩

释义 比喻爱占小便宜的人容易上当、受骗。

例句 贪食的鱼儿易上钩。到外面有人骗你捡了钱包，让你和他分享，可千万别信，这是骗术的第一步。下一步，他就会让你把身上的钱全给他，他把捡的"一包钱"给你，即所谓的"分钱"，其实里面是废纸。

人往高处走，水往低处流

释义 比喻人都希望过上幸福美好的生活或人总是积极向上的。

例句

你,凌云,难道忘了你的外祖父中过举人,你的父亲作过中学校长?人往高处走,水往低处流,你怎么会想去卖针头线脑?三个钱的姜两个钱的醋呢?

(老舍《女店员》一幕三场)

兔子不吃窝边草

释义

兔子为了隐藏自己,不会吃窝附近的草。比喻坏人为了能立住脚,不在住地周围干坏事。也比喻人不伤害身边的亲人和朋友。

例句

他牢记"兔子不吃窝边草"的谚语,所以,他的手下劫富济贫,总是换成便衣,跑到很远的地方去。

要做沉底石头,不做漂水葫芦

释义

比喻做事要脚踏实地,不能只注重表面现象。

例句

做人一定要凭良心,不可夸夸其谈,要做沉底石头，不做漂水葫芦。

鲜花要有水灌溉，友谊要靠人珍爱

释义

指彼此的友谊需要双方共同珍惜和呵护。

例句

从8岁起，我们就建立了深厚的友谊。鲜花要有水灌溉，友谊要靠人珍爱，20多年来，我们一直互相关爱。所以，我们之间的友情是桃花潭水深千尺呀！

结果最多的树枝垂得最低

释义

比喻越有成就的人越谦虚。

例句

作为五二班的班主任，我深知有些学生是"结果最多的树枝垂得最低"，反而成绩一般的学生，成天叽叽喳喳，炫耀自己。

一年栽树，百年歇凉

释义

指栽树的好处长久。比喻做事要有长远打算。

例句 2000年,妈妈在自家的小院栽了几棵果树,如今每年秋天,果树已是硕果累累。一年栽树,百年歇凉,以后我家祖祖辈辈都可以吃上自家的苹果了。

人要心好,树要根牢

释义 根牢树才长得茂盛,心地善良是做人的根本。

例句 人要心好,树要根牢,无恶不作的人不会懂得这句话的深刻含义。

花开必落,月圆必缺

释义 指花开花落、人聚人散都是事物发展的必然规律。

例句 我与好友相伴数载,彼此难以割舍,但"花开必落,月圆必缺",天下哪有不散的筵席?

洞庭天下水，岳阳天下楼

释义

岳阳：指湖南省岳阳市的岳阳楼，是江南三大名楼之一，气势雄伟，巍峨壮观。这里指洞庭湖、岳阳楼闻名天下。

例句

洞庭湖、岳阳楼自古有"洞庭天下水，岳阳天下楼"的美称。

桂林山水甲天下，阳朔山水甲桂林

释义

桂林：位于广西壮族自治区东北部，山奇、水秀、洞幽、石美，人称"四绝"。阳朔：位于桂林的东南，阳朔的漓江风光集中了山水幻化、迷离恬静的阴柔之美。甲：居第一位。这里说桂林的山水是天下最美的，而阳朔的山水在桂林名列前茅。

例句

阳朔的名声远不如桂林，但却有"桂林山水甲天下，阳朔山水甲桂林"之说。

军事篇

谚语故事

百闻不如一见

西汉宣帝在位的时候,西北边疆经常受到羌(少数民族)人的进扰,汉宣帝决定出兵攻打羌人,问百官谁愿领兵出征。

七十六岁的老将赵充国,曾在边疆和羌人打过几十年的交道。他自告奋勇,愿意领兵出征。宣帝问他要派多少兵马,他说:"听别人讲一百次,不如亲眼一见。要想打胜仗,对敌军的状况要做到胸中有数。我愿意亲自到

那里去看看，了解了敌情，然后再确定攻守计划，画好作战地图，那时再向陛下上奏。不知陛下意下如何？"

宣帝听后，觉得老将赵充国说得很有道理，说道："好，你言之有理，就照你说的办。"

赵充国带领一队人马出发。队伍渡过黄河，遇到羌人的小股军队。赵充国下令进攻，大败羌人。兵士们准备乘胜追击，赵充国阻拦说："我军长途跋涉到此，不可远追。如果遭到敌兵伏击，就要吃大亏！"

部下听了，都很佩服他的见识。

赵充国到了西北边疆，不辞劳苦，亲自到前沿阵地察看敌情。没过多久，他就对敌情了如指掌，他不失时机调兵遣将，终于平定了西北边疆。

"百闻不如一见"，比喻听到一百次不如亲眼见一次。它告诉我们：做事情不能只听别人说，要自己去实践。耳听为虚，眼见为实。

一日动干戈，十年不太平

释义 战争一旦爆发，很久难以恢复和平。指战争危害大。

例句 师长常说："一日动干戈，十年不太平，到头来遭殃的还是老百姓……"看得出来，他厌恶厮杀、动乱的生活。

军令重如山

释义 军人必须绝对服从命令，不允许有半点儿异议。

例句 军事第一，军令重如山，没办法也得想办法。（茅盾《锻炼》八）

兵不妄动，师出有名

释义

妄：轻率。指不能随随便便发动战争，必须有恰当的理由才可以行动。

例句

不能因为一点儿小摩擦就发兵，可曾听过"兵不妄动，师出有名"，我们不能轻举妄动。

兵可以百年不用，但不可一日不练

释义

即使长时间不动用军队，但是每天都要勤加操练。也作"练兵千日，用兵一时"。

例句

俗话说："兵可以百年不用，但不可一日不练。"我们一定要加强战备，以防敌人来偷袭。

铁打的营盘，流水的兵

释义

指军营是固定的，而驻扎在军营的士兵却经常变动。

例句 铁打的营盘,流水的兵。一批一批的新兵入伍,紧接着又一批的老兵退伍了。(俞咏槐《一滴绿色的水珠》三)

千军易得,一将难求

释义 相比之下,千军万马容易得到,而一个善于用兵的将领却很难得到。

例句 你我果然不谋而合,真是英雄所见略同。常言道,"千军易得,一将难求"呵!(房群等《剑与盾》)

强将手下无弱兵

释义 将领有能力,他手下的士兵也一定不会懦弱。

例句 强将手下无弱兵,有老虎班长就有老虎兵呵!(电影文学剧本《董存瑞》)

兵败如山倒

释义

军队溃败就好像山倒塌一样无法收拾。

例句

俗话说，兵败如山倒，一点儿不假。这时兵官失去主帅，有的还在各自为战，有的完全失去了抵抗能力，像被猛虎冲散的羊群，满山遍地溃奔逃命，互相践踏。（姚雪垠《李自成》一卷八章）

敌大勿畏，敌小勿轻

释义

不要因为敌人的势力强大就望而生畏，也不要因敌人力量弱小就掉以轻心。

例句

"敌大勿畏，敌小勿轻"的战略思想已深入军心，如今我军势如破竹，战果累累。

兵对兵，将对将

释义

指作战双方兵与兵战，将与将斗。也暗指作战双方的力量不分高下。

例句

战争是残酷的,一上战场双方就兵对兵,将对将地展开了殊死搏斗。

岁寒知松柏,军危识将才

释义

天气寒冷,能体现出松柏的高贵品质;军情危急,才能洞察将领指挥作战的能力。

例句

金兴龙不负众望把军火安全运送到目的地,免遭土匪打劫,真是"岁寒知松柏,军危识将才"。

败战之中学问深

释义

虽然战斗失利,却能从失败中总结经验。

例句

这次虽然出师不利,但是败战之中学问深。我们要吸取经验教训,相信下次一定能打个胜仗。

兵在精而不在多，将在谋而不在勇

释义

士兵不在多少，贵在精锐善战；将领不在勇敢，贵在有谋略。

例句

冯将军说："天天招兵买马，人数逐日增多，但全是匹夫之辈。常言说得好，'兵在精而不在多，将在谋而不在勇'，必须加紧训练方能作战。"

综合篇

谚语故事

宁为鸡口,不为牛后

战国时,秦国大肆向外扩张,其余六国随时有灭亡的危险。为了保国,著名政治家苏秦主张联合六国共同对付秦国,但是韩国想要向秦臣服。苏秦向韩国国君讲道理:"韩国东有宛、穰、洧水,南边有陉山,都是易守难攻的好地形。你们有几十万军队,又装备有天下第一的强弓劲弩,士卒能把箭射出六百步之外,百发百中;你们的剑戟

锋利异常,在地上能砍断牛马,在战场上能刺透敌人的甲盾。以韩国士卒的英勇来看,那是以一当百。韩国具备这些优势,又有像大王这样的贤明圣主,完全可以立于不败之地。然而您却要向秦国投靠,这不仅是韩国的奇耻大辱,而且还要被天下人笑话呀!有一句俗话说得好,'宁可做小鸡的嘴巴,也不做牛的屁股(宁为鸡口,不为牛后)'。鸡嘴虽小,但能尝遍食物的味道;牛屁股虽大,只能排泄粪便。今天您想投靠秦国,这与做牛屁股有何区别呢?以大王这样圣明,又拥有这么强大的兵力,然而却招来牛屁股的恶名声,我苏秦也替大王感到羞耻啊!"

苏秦的话说得韩国国君汗颜。国君觉得未战先降,愧对臣民,他为了表决心,拔剑起誓:"寡人宁死,决不屈服秦国!"

"宁为鸡口,不为牛后"比喻宁可在小范围内主事,也不愿在大范围里听命于人。

三百六十行，行行出状元

释义 指无论做哪一行，只要努力就能取得非凡成绩。

例句 母亲劝赵刚说："不要嫌弃你现在的工作，三百六十行，行行出状元。只要你努力做，肯定会有成就的。"

山有泉水才美，人有技能才好

释义 山峰因泉水的映衬才更加秀美，人有技能在手才更加出类拔萃。

例句 "山有泉水才美，人有技能才好"，马叔认准了这个理，让辍学的儿子来到技校，学习汽车修理。

要知隔行事,还得问行家

释义 要想了解其他行业的情况,必须请教从事那个行业的专家才行。

例句 "要知隔行事,还得问行家",对于餐饮这一行我知之甚少,看来还得请教隔壁的王厨子。

内行看门道,外行看热闹

释义 指内行人看的是内在哲理,外行人看到的只是表面上一些肤浅的招数。

例句 哎呀,他说那个人的剑法太高了,我一点儿都没看出来!真是"内行看门道,外行看热闹"啊!

巧匠手中无弃材

释义 在灵巧的工匠手中,废弃的材料也能派上用场。指巧匠能够变废为宝,充分利用材料。

例句 姑妈把做衣服的下脚料一块儿一块儿缝起来，做了一个漂亮的板凳垫，真是"巧匠手中无弃材"。

初入行业，三年事生

释义 比喻刚进入某一行业，一切都是陌生的，只有经过一段时间的学习，才能掌握其中的奥妙。

例句 初入行业，三年事生，你刚开始做生意，一定要多向同行学习，积累丰富的经验。

生行莫入，熟行莫出

释义 人尽量不要走进自己生疏的行业，也不要离开自己所熟悉的行业。

例句 不要频繁地换工作，要干一行，专一行，常言道，生行莫入，熟行莫出，你应该明白这个道理吧！

行行有利，行行有弊

释义 每一行业都有有利的一面，也有它不利的一面。

例句 "行行有利，行行有弊。"因此，我们要干一行，爱一行，不要这山望着那山高。

艺多不压身

释义 指多学几种技艺、本领，随时都能用上，不会受制。

例句 人常说："艺多不压身。"比方你志和叔吧，本来是个庄稼人，他经心用意学会了垒房，就成了泥瓦匠了。（《歧路灯》四四回）

靴要钉鞋掌，人要有专长

释义 靴子要钉上鞋掌才耐穿，人要掌握一技之长才能立足于社会。

例句

刘二早就忘了父亲临终前的教诲："靴要钉鞋掌，人要有专长。"现在整日不学无术，游手好闲。

下棋不语，落子不悔

释义

落子：下一着棋。指下棋时不要多说话，走了的棋就不能反悔。

例句

干大事要有魄力与胆识，下棋不语，落子不悔，切不可婆婆妈妈。

一着不慎，满盘皆输

释义

着：下棋时，下一子或走一步叫一着。指下棋时一步走错，导致全盘皆输。劝人做事要慎重，否则全局失败。

例句

大哥对小弟说："你在做这件事之前应该深思熟虑，免得像上次一样，一着不慎，满盘皆输啊！"

不怕千着巧，就怕一着错

释义 指走错一步棋，会满盘皆输。比喻人做事的时候，关键性的一步是非常重要的。

例句 这是一次事关全局的较量，不怕千着巧，就怕一着错，这次一定要制订完善、正确的作战计划，否则会前功尽弃。

吃了腊八饭，就把年货办

释义 民间有吃腊八粥的风俗习惯。指在腊八过后，离过年不远了，人们就开始准备过年用的物品了。

例句 吃了腊八饭，就把年货办。这不，腊八刚过，各家各户的人们就不约而同地往集市上赶。

大年初一吃饺子，正月十五吃元宵

释义 我国北方广大地区的风俗习惯，象征着年年团聚，日子越过越有滋味。

例句 中国北方有个习俗：大年初一吃饺子，正月十五吃元宵。多少年来，人们一直乐此不疲。

十五的月亮十六圆

释义 指通常农历八月十五的月亮不如八月十六的圆。比喻好事总会来得稍晚一些。

例句 付出了努力不一定会立即见成效，十五的月亮十六圆，要有点儿耐心。

隔山隔水不隔亲

释义 指哪怕隔着千山万水也隔不断人间的亲情。

例句 "隔山隔水不隔亲"，海峡两岸虽然隔着一道海峡，但两岸人民之间的亲情是永远隔不断的。

八月十五云遮月，来岁元宵雪打灯

释义

八月十五天气多云，那么来年元宵节就要下雪。

例句

全家围坐在一起吃月饼，月亮迟迟不肯出来，弟弟说："八月十五云遮月，来岁元宵雪打灯。"大家一听都乐了。

九月九，是重阳，菊花酿酒满坛香

释义

农历九月初九重阳节，北方一些地方多在这时酿造香味浓郁、又有保健作用的菊花酒。

例句

"九月九，是重阳，菊花酿酒满坛香"，每逢重阳节，我便想起家乡那味道醇香的菊花酒。